Colonel Arsène VERGÉ

AVEC LES TCHÉCOSLOVAQUES

Invraisemblable et véridique Épopée

PRÉFACE DE PAUL PAINLEVÉ

> « *L'union de la Bohême et de la France est naturelle; c'est bien une union qui a sa racine dans l'histoire et dans l'âme des deux peuples.* »
>
> Ernest DENIS (1903).

ÉDITIONS RENÉ GUILLON
5, Place de la Sorbonne, 5
PARIS (Ve) — 1926

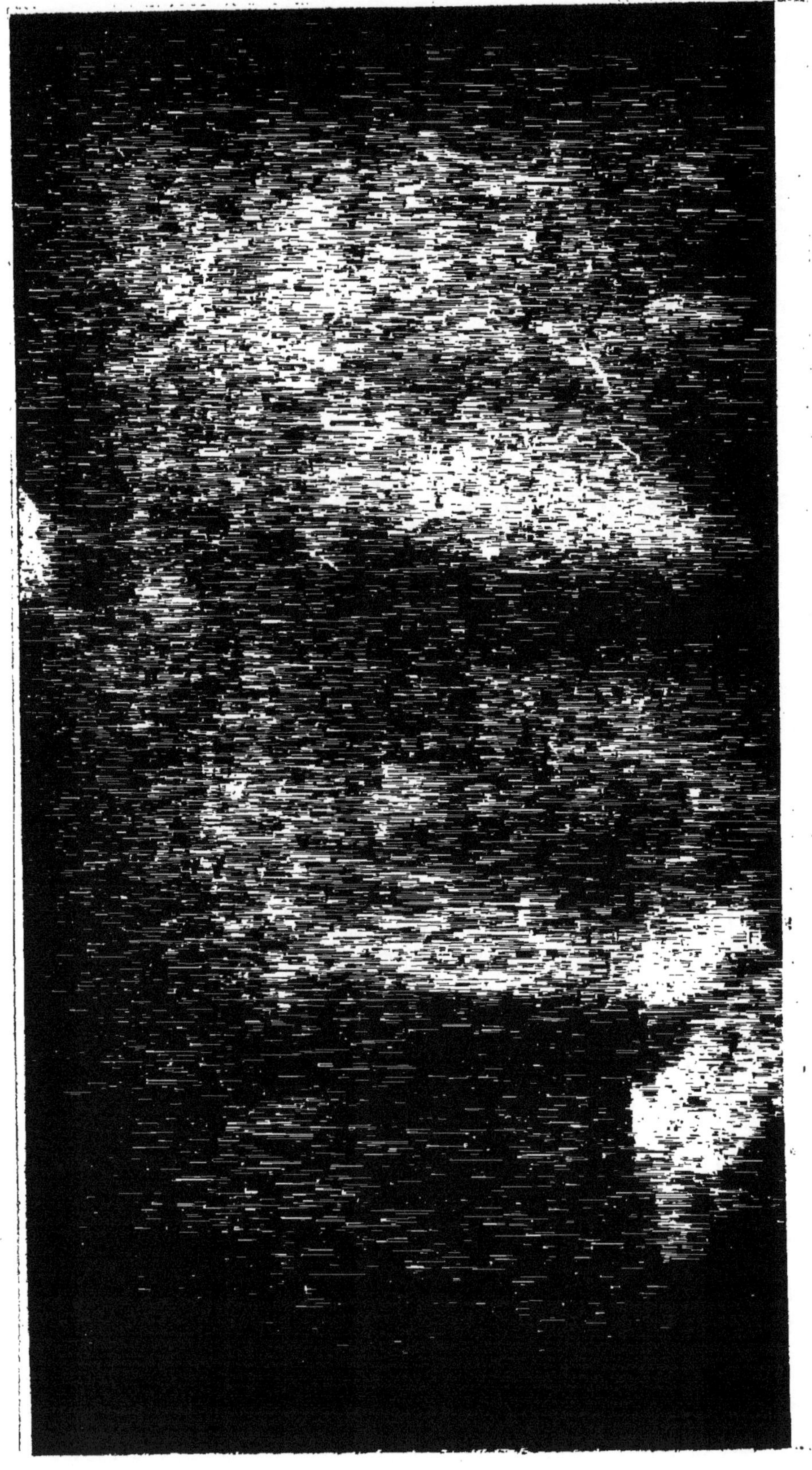

AVEC
LES
TCHÉCOSLOVAQUES

Colonel Arsène VERGÉ

AVEC LES TCHÉCOSLOVAQUES

Invraisemblable et véridique Épopée

PRÉFACE DE PAUL PAINLEVÉ

> *« L'union de la Bohême et de la France est naturelle; c'est bien une union qui a sa racine dans l'histoire et dans l'âme des deux peuples. »*
>
> Ernest DENIS (1903).

EDITIONS RENÉ GUILLON
5, Place de la Sorbonne, 5
PARIS (Ve) 1926

Je dédie ce livre à la mémoire de ceux de mes compagnons de souffrance, braves légionnaires tchécoslovaques, qui sont morts, les uns sur le sol russe, les autres sur le sol sibérien et qui, sans avoir eu le bonheur de revoir leur patrie affranchie, ont poursuivi de si nobles buts : la libération de la nation tchécoslovaque du joug austro-hongrois, et la réalisation d'un idéal de justice, d'indépendance et de paix.

A. VERGÉ.

6 Juin 1926.

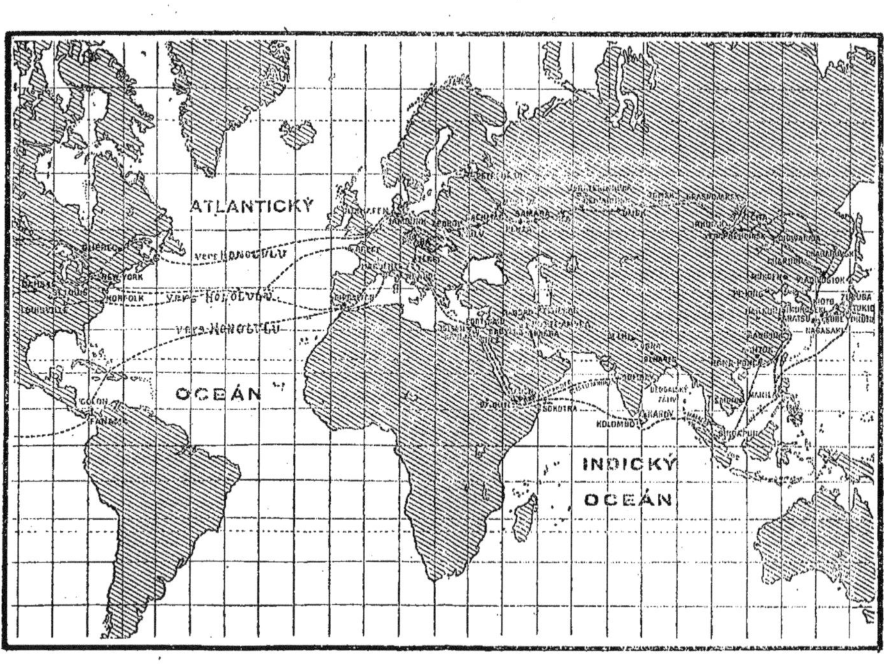

ATLANTICKÝ
OCEÁN
INDICKÝ
OCEÁN
NEW YORK
NORFOLK
COLON
SOKOTRA
KOLOMBO
NAGASAKI

PRÉFACE

Quand la France, cédant à la violence, dût, en 1871, se laisser arracher l'Alsace-Lorraine, il ne se trouva qu'une Assemblée au monde pour protester contre la violation du Droit : la Diète de Prague. Un pareil geste, en un tel moment, n'est-il pas le plus significatif des symboles ? Et à qui jette seulement un regard sur la tragique et grandiose histoire du peuple tchéco-slovaque, n'apparaît-il pas comme l'illustration la plus éclatante des idéales affinités qui unissent les deux Nations?

Depuis l'écroulement du grand empire moyenâgeux des Prémyslides, la Bohême connaissait la plus douloureuse des servitudes. Par deux fois, dans la fumée du bûcher de Constance, et sur le champ de bataille de la Montagne Blanche, elle avait vu s'évanouir ses espérances. Et, depuis quatre siècles, soumise à la germanisation la plus tenace et la plus acharnée, elle se tordait sous la botte du Habsbourg,

« Si Dieu ne vient pas au secours de notre cause, s'écriait Dobrowsky, aux environs de 1800, elle est bel et bien perdue ».

Comme elle désespérait, la France vint. Il suffit, en effet, du grand souffle libérateur de la Révolution française pour que la flamme allumée au fond des cœurs par l'auréole des Wenceslas et le supplice de Jean Huss se ranimât pour ne plus s'éteindre. Ce fut alors le plus merveilleux risorgimento : les articles enthousiastes du publiciste Havlicek, les poèmes de Kollar, l'œuvre historique de Palacky, monument érigé à la gloire nationale, exaltèrent la pauvre Patrie « bigarrée » et « rapiécée ». Tout était prêt, en 1848, quand la France donna, une fois encore, le signal et l'exemple. Les Tchèques appellent le monde slave à la révolte contre la tyrannie de Metternich et à l'indépendance. Vains espoirs et vains efforts! Plus lourdement que jamais, le joug retombe sur eux. Mais l'idée en marche ne s'arrête plus. Et c'est l'âme indomptable de la Bohême qui se manifeste en 1871, quand la Diète adresse à la France vaincue son salut fidèle. Dans la France également fidèle, ce salut trouvait bientôt un écho. Palacky n'était plus, mais un Français se dressait pour achever son œuvre : celui dont deux peuples célébraient la mémoire à Nîmes, en octobre dernier, Ernest Denis. La censure autrichienne avait interdit à Palacky l'époque moderne, mais tandis que là-bas tous les miroirs étaient brisés où la race tchèque pût contempler son vrai visage, ce moderne ascète, né sur une terre lointaine, lui tendait le plus fidèle miroir patiemment reconstitué, en lui disant : « Regarde et prends conscience de toi-même ». Et ce peuple d'opprimés, était prêt encore lorsque, comme un coup de foudre, éclata l'ultimatum à la Serbie et qu'il fallut répondre à la menace et à l'appel du destin. Le despotisme des Habsbourg voulait en finir avec les minorités, écraser le slavisme, faire régner l'accablante hégémonie germanique sur le Danube et dans les Balkans. De quel côté pencherait la balance ? Les Tchèques l'ignoraient, mais enserrés entre deux formidables ennemis, ils n'hésitèrent pas : ils se donnèrent à la cause de la liberté et du bon droit. Ceux qui ne purent s'échapper et former à l'étranger des légions valeureuses, combattirent à leur manière. Les régiments se laissèrent massacrer plutôt que de marcher. Les civils bravèrent tous les risques pour « saboter l'arrière ». Ils se firent tuer, emprisonner, persécuter de toutes les façons. Rien ne les arrêta. C'est qu'ils savaient bien qu'en France, à Paris, on pensait à eux. Dans ce Paris, que l'un d'entre eux, parmi les plus grands, appelait « la synthèse de la ville moderne, la ville moderne complète, parfaite, unique....., la synthèse magnifique de la civilisation moderne dont la France est le représentant », dans ce Paris où, disait-il, voisinent « l'esprit du siècle de Louis XIV et celui de la Grande Révolution », où se mêlent harmonieusement une puissante tradition nationale et « les tendances cosmopolites, universelles, panhumaines », trois exilés travaillaient patiemment, obstinément. Masaryk, Benès et Stéfanik, avec une tranquille audace, organisaient le Comité national tchèque, destiné à coordonner toutes les forces tchécoslovaques et à les lancer « à la rescousse ». Déjà, évadés d'Autriche au prix de mille périls, des volontaires étaient mêlés à nos soldats. Le Comité les groupa et constitua les fameux régiments tchécoslovaques, grossis de contingents accourus d'Amérique.

C'est pour moi une fierté d'avoir, comme Ministre de la Guerre, collaboré en 1917 à cette œuvre épique. Ces combattants-là firent connaître au monde, aux ignorants, aux sceptiques, l'invincible héroïsme de la vieille nation « sans frontières ».

Tant d'efforts allaient enfin porter leurs fruits : 1918 vît se constituer la République libre de Tchécoslovaquie. Pour la première fois depuis mille ans, les Tchèques et les Slovaques se trouvaient réunis. « Par miracle », le miracle de son énergie, « le peuple tchèque échappait à l'anéantissement définitif ». Et la France pouvait revendiquer une large part dans cette victoire de l'indépendance des peuples. Aussi, est-ce elle encore que le jeune Etat voulut choisir pour guide dans les chemins de la liberté. Mais le guide était bien vite inutile, tant la Bohême ressuscitée se montrait maîtresse d'elle-même et sûre de ses décisions et de ses mouvements. Faut-il évoquer le rôle de premier plan joué par la Tchécoslovaquie dans les questions internationales, les efforts d'un Benès au sein de la Société des Nations, sa participation active à la réalisation des accords de Locarno, sa diplomatie tenace et patiente dans la constitution de cette Petite-Entente, qui est, à l'Orient, le rempart contre les perturbateurs de la paix, comme la France l'est à l'Occident ? Avec Benès, on peut dire que « s'il est deux peuples dont les intérêts et les plans d'avenir concordent, ce sont indubitablement la République française et la République Tchécoslovaque ». « La France verra, ajoutait-il, qu'elle n'a pas inutilement donné son appui si précieux et si effectif à la renaissance de notre Patrie ». La France n'avait pas besoin de preuves pour en être sûre ; et c'est avec la plus ardente sympathie qu'elle constate les remarquables progrès si rapidement accomplis par la jeune République dans son organisation intérieure. C'est précisément l'une des phases de cette organisation — la phase militaire — que le livre du Colonel Vergé nous permet de suivre dans une saisissante clarté. Ce volume marque une date. Depuis quelques jours, en effet, les fonctions de chef d'Etat-Major de l'ar-

mée tchécoslovaque ont passé des mains du chef de la mission militaire française dans celles d'un officier tchécoslovaque, le Général Syrovy. C'est dans son sein désormais que la nouvelle armée trouvera les chefs qui la commanderont. Ainsi, la tradition militaire démocratique de Jean Zizka, en sommeil depuis cinq siècles, va revivre et la France se réjouit d'avoir collaboré à sa résurrection. Il faut savoir gré au Colonel Vergé de nous montrer une des faces de cette entente étroite entre Prague et Paris.

« Avec les Tchécoslovaques », beau titre, titre vivant, qui est un enseignement et un programme. Tous les Français éprouvent un peu à l'égard de la Bohême les sentiments d'Ernest Denis qui l'aimait à la fois comme une mère adoptive et comme une captive délivrée. France et Tchécoslovaquie marcheront côte à côte, la main dans la main, vers leur commun idéal : libération, indépendance et réconciliation des peuples.

Paul PAINLEVE.

PREMIÈRE PARTIE

EN RUSSIE

Les Tchécoslovaques

Je suis, par la force des choses, amené à traiter un sujet que le lecteur français trouvera sans doute bien ingrat : « Les Tchécoslovaques en Russie et en Sibérie », et je pourrais presque dire « La création de l'Etat tchécoslovaque ».

En effet, parmi les évènements qui ont produit l'apparition d'un nouvel Etat au cœur de l'Europe du vingtième siècle, c'est l'ensemble de ceux qui se sont déroulés en Russie et en Sibérie que je vais essayer d'esquisser et, relativement à la création de la Tchécoslovaquie, cet ensemble a joué un rôle prépondérant.

Je m'excuse par avance d'avoir à parler de moi-même au cours de cette étude, car j'ai toujours pensé qu'à parler à la première personne, on risque fort d'être encombrant ; mais, d'autre part, il m'a semblé que mon exposé pourrait être plus facilement suivi, si je le fixais pour ainsi dire à l'itinéraire que j'ai parcouru en exécution de la mission qui me fût confiée en Août 1917, à l'occasion de la question tchécoslovaque.

Les Tchécoslovaques ont, comme on le sait, publié une déclaration généreuse à l'occasion du Traité de Francfort (1), et il n'y a pas de pays où, jusqu'à ce jour, on se soit plus occupé des Tchécoslovaques

(1) Le 9 Novembre 1917, en plein Reichsrath de Vienne, le député Stanek renouvelait cette déclaration dans les termes suivants :

« La nation tchèque ne peut pas ne pas exprimer sa plus ardente sympathie à cette noble et glorieuse France qui défend aujourd'hui son indépendance et le sol national, qui a si bien mérité de la civilisation et à laquelle nous sommes redevables des plus grands progrès réalisés dans les principes d'humanité et de liberté.

La nation tchèque a la conviction qu'une telle humiliation que le fait d'arracher un lambeau de son territoire (l'Alsace et la Lorraine) à une nation illlustre et héroïque remplie d'une juste fierté nationale, serait une source inépuisable de nouvelles guerres et par conséquent de nouvelles blessures à l'humanité et à la civilisation.

Le peuple tchèque est un petit peuple, mais son âme et son courage sont d'une noble stature. Il rougirait de laisser croire, par son silence, qu'il approuve l'injustice ou qu'il n'ose pas protester contre elle parce qu'elle a pour elle la puissance.

C'est dans cet esprit que la nation tchèque se jette dans l'action, prête à faire tous les sacrifices que lui dictera sa conscience ; même si son appel devait rester inutile elle aurait du moins l'intime satisfaction d'avoir accompli son devoir dans un moment critique en rendant témoignage à la vérité, au droit et à la cause de la liberté des peuples ».

qu'en France. Le professeur Ernest Denis (1), s'adressant, il est vrai, à une élite, a pris l'initiative de faire connaître aux Français la grandeur passée de la Bohême; en particulier, il a essayé d'ouvrir les yeux de cette élite sur le rôle, à son avis, bienfaisant, que pourraient jouer les Tchèques et les Slovaques dans l'Europe nouvelle, à partir du moment où leur génie national se développerait librement.

En ce qui me concerne, j'avais parcouru, avant la guerre, la Bohême, la Moravie, la Slovaquie et la Silésie autrichienne, dont la réunion correspond à peu près à la Tchécoslovaquie actuelle ; j'avais visité notamment le champ de bataille d'Austerlitz. Au cours de mon voyage à travers ces pays si pittoresques, j'avais été frappé du caractère primesautier des habitants, si différent de la mentalité disciplinée des gens de Vienne que j'avais approchés auparavant ; j'avais pu remarquer également que l'on se mettait à converser en langue *tchèque,* dès que l'on avait la sensation de n'être plus écouté par l'oreille de quelque fidèle fonctionnaire parlant *allemand* ou d'un riche colon causant *magyar ;* quelques-uns même n'avaient pu s'empêcher de me laisser entendre combien nous étions heureux, en France, de vivre dans un pays où existait l'unité ; « ici, ajoutaient-ils, nous sommes gouvernés par des Allemands d'Autriche que nous détestons depuis

(1) Voir Annexe I.

des générations ou par des Magyars de Hongrie que nous n'aimons guère ; le vieil empereur réussit jusqu'à présent à nous maintenir tranquilles ; cela n'aura qu'un temps ».

Masaryk et Benès

Au printemps de 1917, si le lecteur veut bien s'en souvenir, Albert Thomas s'était rendu en Russie ; le professeur Masaryk, député au Reichsrath de Vienne, qui consacrait à cette époque toute son activité à la réalisation de son rêve, à savoir l'indépendance de ses frères de race, Autrichiens ou Hongrois contre leur gré, obtint d'Albert Thomas la promesse que la France s'intéresserait d'une façon *effective* à la question ; jusqu'alors, Masaryk n'avait guère obtenu que des encouragements.

De cette époque, datent vraiment la dette de reconnaissance que les Tchécoslovaques déclarent avoir contractée envers nous et l'influence que notre nom a prise chez eux, reconnaissance que nous avons tout intérêt à sauvegarder, influence dont l'un des symboles est l'existence en Tchécoslovaquie d'une importante mission militaire française, à la tête de laquelle se trouvait récemment le Général Mittelhauser (1).

(1) Voir annexe II.

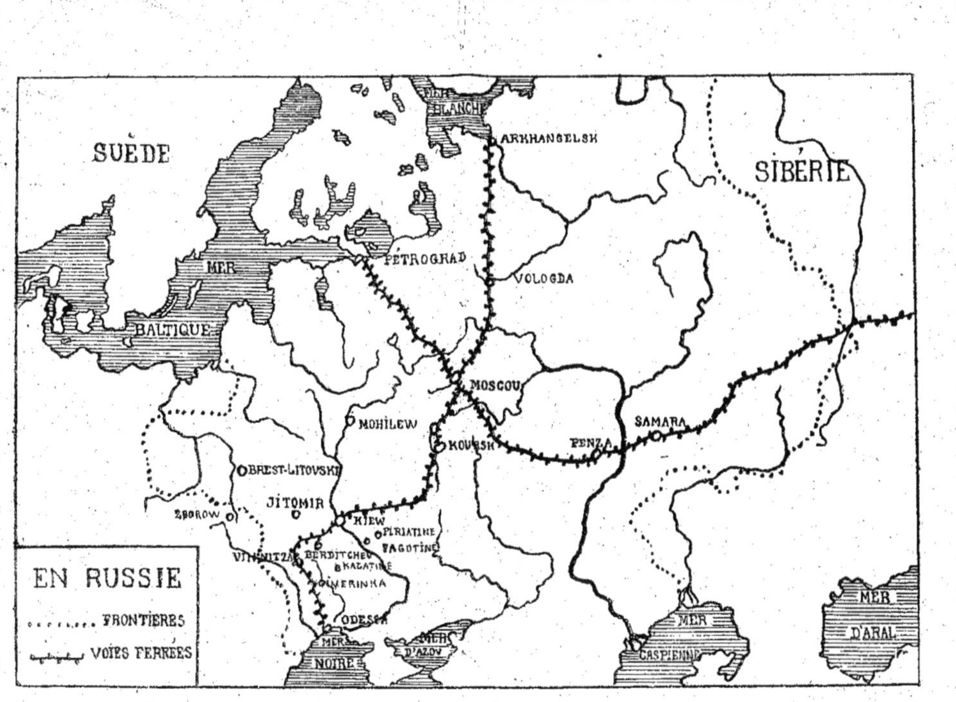
SUÈDE
SIBÉRIE
BLANCHE
ARKHANGELSK
PETROGRAD
VOLOGDA
MER
BALTIQUE
MOSCOU
MOHILEW
PENZA
SAMARA
BREST-LITOVSKI
JITOMIR
ZBOROW
KIEW
PIRIATINE
YAGOTINE
BERDITCHEV
MER
NOIRE
MER
D'AZOV
MER
CASPIENNE
MER
D'ARAL
EN RUSSIE
FRONTIÈRES
VOIES FERRÉES

L'une des conséquences de la promesse d'Albert Thomas fut la désignation d'une mission spécialement chargée de la question tchécoslovaque en Russie : la mission comprenait cinq officiers, dont quatre officiers de réserve ayant longtemps vécu en Russie ; l'un d'eux était l'ex-député Ehrlich, de la précédente Chambre, dont le lecteur a pu noter les interventions au Parlement à propos du *bolchevisme ;* j'eus le grand honneur d'être désigné comme le Chef de la mission.

Il s'agissait : 1° de recruter en Russie d'Europe et en Russie d'Asie, les nombreux volontaires, de nationalité tchèque ou de nationalité slovaque, désireux de prendre les armes contre les Empires Centraux ; 2° d'instruire ces volontaires ; et 3° de les amener sur le front occidental.

Déjà, en 1916, notre gouvernement avait promis de former des unités militaires tchécoslovaques autonomes sur le front français, à condition que la Russie libérat un nombre suffisant de prisonniers de guerre tchécoslovaques, car on ne pouvait songer à organiser d'importantes formations avec les seuls Tchécoslovaques établis en France.

La colonie tchèque de Paris avait formé, dès le début de la guerre, une compagnie incorporée à la Légion étrangère (1) ; mais dans les rudes combats

(1) Le 9 Mai 1925, le groupe des anciens légionnaires tchécoslovaques, et avec eux la nation toute entière, com-

de l'Artois et des Flandres, elle fut fortement éprouvée, des enrôlements de volontaires avaient eu lieu également dans toutes les colonies tchécoslovaques de l'étranger et avaient permis de créer de petites unités dans les armées anglaise et canadienne.

mémorait le dixième anniversaire des batailles de l'Artois auxquelles, sur le front français, a pris part la compagnie « Na zdar », unité tchèque de la légion étrangère. C'est un des souvenirs les plus émouvants de l'histoire de sa libération que la nation tchécoslovaque célébrait ainsi en honorant les premiers en date de ses héros de la Grande Guerre.

Dès le 29 Juillet 1914, c'est-à-dire à l'heure même où l'Autriche attaquait la Serbie, la colonie tchèque de Paris décidait qu'en cas de guerre « tous les Tchèques capables de porter les armes devaient combattre aux côtés de la France, dans la mesure de leur force et conformément au devoir qu'impose l'humanité ». Des listes d'enrôlement furent ouvertes immédiatement. Un enthousiasme frénétique animait tous les Tchèques de France et l'on vit à cette occasion des scènes d'une grandeur digne des héros de l'antiquité. Non seulement les listes se couvrirent rapidement de signatures, mais l'émulation à combattre fut telle que ceux des aspirants que le conseil de révision avait renvoyés soit à cause de leur trop jeune âge, soit pour manque d'aptitudes physiques, trouvèrent le moyen de se faire admettre dans les rangs de l'armée. Les trop jeunes empruntèrent les papiers d'aînés, et les faibles envoyèrent à leur place et sous leur nom des hommes vigoureux subir la visite médicale. En fin de compte, au mois d'Août, 600 volontaires tchécoslovaques étaient versés dans la légion étrangère. Les autorités militaires française les envoyèrent achever leur instruction à Bayonne, où vinrent les rejoindre les volontaires recrutés par la

Le mouvement révolutionnaire tchécoslovaque ne pouvait toutefois avoir de sérieuses chances d'être pris en considération que s'il donnait naissance à une armée ayant des effectifs importants et une valeur réelle. D'autre part, le centre de gravité d'une telle organisation militaire devait être la Russie.

Beaucoup de prisonniers s'étaient, en effet, rendus aux Russes, non pas tant pour chercher un abri contre le danger, que dans l'espoir de trouver le moyen de combattre contre l'Autriche-Hongrie. Et Masaryk attribuait une grande importance à une action militaire, partant de cette idée que l'indépendance ne s'obtient pas en mendiant, mais par des sacrifices, le sacrifice de la vie compris. Encore s'agissait-il d'éviter les obstacles à craindre, en Russie, de la part du régime tsariste et de la part des éléments germanophiles.

Sur ces entrefaites avait éclaté la Révolution russe (Février 1917), il s'agit de celle qui amena l'abdication du tsar Nicolas II, et non de celle qui donna le pouvoir à Lénine et consorts (Octobre

colonie tchèque de Londres. Placés sous les ordres d'officiers français qui ne tardèrent pas à voir en eux des soldats de valeur, les volontaires tchèques gagnèrent rapidement les sympathies de la population. Les dames de Bayonne leur en donnèrent un témoignage en brodant à leur intention un fanion aux armes de la Bohême.

1917). Masaryk s'était rendu en Russie en Mai 1917, c'est-à-dire à une date intermédiaire entre ces deux Révolutions, et c'est alors qu'il avait entamé d'actives négociations avec Albert Thomas et le Gouvernementt Provisoire Kerenski, en vue de l'enrôlement de nombreux volontaires et de la constitution d'importantes formations. La révolution avait d'ailleurs placé le mouvement tchécoslovaque de Russie dans une situation nouvelle qui exigeait d'urgence la présence de Masaryk.

Mon premier contact avec le problème à la solution duquel j'étais appelé à participer me mit en présence de Benès, cet homme d'Etat bien connu du lecteur par le rôle important qu'il joue actuellement sur l'échiquier européen.

Le rayonnement dont s'illumina la physionomie de Benès, à la lecture de ma lettre de service, je l'ai encore devant mes yeux, rayonnement discret, quand même, car, bien mieux que moi, qui arrivais tout droit du Mort-Homme (1), Benès apercevait les périls et les difficultés que comportait l'œuvre à entreprendre ; en tous cas, Benès avait devant lui, sous mon uniforme d'officier français, le symbole vivant d'une réalité qui prenait corps, à savoir *l'appui effectif* donné par la France officielle aux aspirations de la nation tchèque ; pour la première fois, on pouvait utiliser cette expres-

(1) Voisin de la fameuse cote 304 (région de Verdun).

sion : franco-tchèque à propos d'un acte ; l'ère des hésitations, des promesses et des paroles était close.

C'est au domicile de Benès, à Paris, rue Bonaparte, qu'eut lieu l'entrevue à laquelle je fais allusion ; c'est là que Benès et ses collaborateurs se consacraient avec ardeur et opiniâtreté au travail de destruction qui devait amener la disparition de l'Etat d'Autriche-Hongrie et à l'œuvre de résurrection d'où sortirait l'Etat tchécoslovaque. Benès était, à cette époque, le secrétaire du Conseil National tchécoslovaque, organisme sur le rôle duquel j'aurai l'occasion de revenir. Le jeune chargé de cours de l'Université de Prague s'était voué, avec un zèle peu ordinaire, à l'organisation de la propagande ; ses efforts venaient maintenant d'enregistrer un gros succès.

Partis de Brest, le 4 août 1917, nous arrivions vingt jours plus tard à Arkhangelsk, par la *Mer Glaciale ;* à Arkhangelsk, nous débarquions 600 des soldats russes que le front occidental ne pouvait plus conserver ; si je rappelle cette circonstance de pénible mémoire, c'est pour noter en même temps que, quelques semaines plus tard, je devais embarquer à Arkhangelsk, à destination du même front, 1.300 volontaires tchécoslovaques : d'une part, l'armée russe se dissociait et sur tous les fronts ; d'autre part, l'armée tchécoslovaque faisait son apparition, à l'état d'embryon, il est vrai.

Dès mon arrivée à Petrograd, je fus mis en liaison avec le professeur Masaryk, par l'intermédiaire de notre attaché militaire en Russie, le Colonel Lavergne. On pourrait déjà écrire un volume sur la personnalité de Masaryk. Qu'il me soit permis tout au moins de m'arrêter un instant sur cette figure qui appartient désormais à l'histoire, je ne dis pas seulement de la Tchécoslovaquie, mais de l'Europe et même de l'univers. Avant d'être un homme d'Etat, Masaryk a été un savant : Slovaque d'origine, Tchèque d'éducation, il fut tout jeune un brillant professeur à l'Université de Prague ; il a écrit un grand nombre d'ouvrages, les uns plus spécialement pour les étudiants et les intellectuels, les autres pour la nation entière : philosophie, religion, politique, histoire, morale, sociologie, ethnographie, Masaryk a abordé et approfondi les sujets les plus divers ; il a notamment traité d'une façon originale la question de Jean Huss et des Hussites. Dans son propre pays, il fut pendant longtemps très discuté et même mis au ban de l'opinion publique ; il a eu maille à partir, non seulement avec celle-ci, mais encore avec l'Etat austro-hongrois et avec l'Eglise.

Epris de vérité, de logique et de justice, il prend la plume ou élève la voix pour démasquer ce qu'il considère comme des mensonges, même lorsqu'ils revêtent un caractère officiel ; à ce titre, il intervient dans la fameuse *affaire des manuscrits*, dans la question Friedjung, ainsi que dans la plupart des intrigues nouées par les Autrichiens et les Hongrois contre la malheureuse Serbie.

« Il a été le maître, nous dit Louis Eisenmann, « non seulement des meilleurs de la jeunesse de « son peuple, mais des milliers d'autres jeunes Slaves, « Serbes et Croates, surtout, mais aussi Bulgares et « Russes, dont il élève l'esprit national et forme la « conscience civique. La philosophie politique et « sociale qu'il leur enseigne, c'est la doctrine de « Huss et des frères bohêmes, où se concilient har« monieusement jusqu'à se confondre l'amour de la « nationalité et celui de l'humanité ; sa morale, « c'est celle de la dignité humaine, de la vérité « toujours et à tout prix honorée ; sa méthode, celle « de l'esprit critique, qui n'admet rien pour éta« bli ou prouvé sans l'avoir vérifié avec toute la « rigueur de la démonstration scientifique ».

Dans la guerre de 1914, Masaryk discerne, dès le premier jour, l'entreprise décisive du germanisme pour fonder définitivement sa domination sur l'Europe centrale et, par là, s'assurer l'hégémonie de l'Europe. Ce danger lui dicte sa conduite : après quelques mois passés à étudier la situation internationale et l'état de son pays et à organiser les contacts qui le préservent du risque de devenir dans son exil volontaire un étranger et un isolé, il quitte sa patrie en Décembre 1914 ; il y rentrera exactement quatre ans plus tard, et en triomphateur. Mais n'anticipons pas.

En Bohême, à la suite des premiers succès des troupes russes, on avait beaucoup espéré de la Russie et l'on s'était imaginé que les armées du tsar viendraient libérer la Bohême. Masaryk avait critiqué cette naïve russophilie ; il s'était montré sceptique au sujet de la puissance militaire de la Russie, comme au sujet de la politique tsariste. Attiré par la plus vive sympathie slave et humaine vers la Russie, à laquelle il a consacré un ouvrage remarquable et que, sans doute, parmi les savants d'aujourd'hui, il connaît le mieux, il savait trop combien faible était l'intérêt que portaient les Russes aux Slaves non orthodoxes, combien grandes étaient les différences entre la civilisation des slaves orientaux et celle des Slaves occidentaux. Dès le début, il avait tenu à faire reposer toute son action sur l'appui des alliés occidentaux, auxquels la Bohême est liée par une civilisation et des institutions démocratiques communes.

Cependant, le sociologue qu'était Masaryk avait apprécié à sa juste valeur l'importance de cet enthousiasme russophile, comprenant qu'il contribuait à renforcer l'éloignement naturel éprouvé par le peuple tchèque pour le régime de terreur militaire des Habsbourg. Ayant acquis la conviction que le peuple tchèque devait entreprendre une lutte résolue et active contre l'Autriche-Hongrie, Masaryk partit donc de Prague en Décembre 1914, se dirigeant d'abord vers l'Italie, sous prétexte de maladie, en réalité pour y recueillir de nouvelles indications sur la marche de la guerre, sur les plans des Alliés et l'opinion des neutres. De Janvier 1915 à Septembre 1915, il séjournera en Suisse, d'où il rayonne vers Paris, et vers Londres, s'occupant de nouer des relations avec les Alliés et de tenir à jour le tableau exact de la situation pour les hommes politiques restés en Bohême.

« Le caractère des relations avec le pays ne man- « quait pas, à cette époque, de romanesque, dit « Hartl (1) ; mais ces renseignements écrits, cachés « dans des parapluies, des talons de chaussures, des « plumes-réservoirs, ces messagers passant dans les « deux sens de la frontière au péril de leur vie, « toute cette contrebande permettait de donner sa « sanction à l'action entreprise à l'étranger. Parmi « les Tchèques et les Slovaques établis depuis long- « temps dans les pays neutres ou alliés, régnait « depuis la déclaration de la guerre un esprit révo- « lutionnaire ; des actions diverses s'y étaient « esquissées sans pouvoir réussir, tant à cause de « l'ignorance des choses du pays où se trouvaient « ces milieux que de leur impuissance à obtenir la

(1) Publiciste tchèque.

« confiance des hommes d'Etat français ou anglais.

« Il manquait à ces colonies tchécoslovaques à « l'étranger des hommes possédant une suffisante « formation politique et la cause tchèque ne pou- « vait s'appuyer ni sur des relations personnelles « établies par les émigrés, ni sur des sympathies « de vieille date, comme celles dont jouissaient, par « exemple, les Polonais. Il était donc nécessaire de « mettre de l'unité dans ces efforts épars et mal « dirigés, d'adopter un programme et de donner à « l'action commune une solide base financière ».

Les efforts de Masaryk ne restent pas stériles.

Sur la demande du secrétaire de sir Edward Grey, un mémoire sur la question tchécoslovaque est présenté à cet homme d'Etat. Deux organes importants du mouvement tchécoslovaque sont créés : « La Nation Thèque », pour l'information des amis étrangers et des neutres est fondée à Paris, le 1er Mai 1915, sous la direction d'Ernest Denis ; la « Ceskoslovenska Samostatnost » (1), destinée aux Tchèques établis à l'étranger, voit le jour le 22 Août 1915 à Annemasse, petite ville de Haute-Savoie ; ces deux journaux arrivaient en contrebande jusqu'en Bohême.

Le 6 Juillet 1915, à Zurich, Masaryk prend publiquement et ouvertement parti contre l'Empire d'Autriche-Hongrie, à l'occasion de la célébration du

(1) L'Indépendance tchécoslovaque.

500e anniversaire de l'exécution de Jean Huss. Le 19 Octobre de la même année, pour sa conférence d'ouverture à l'Université de Londres, où il a réussi à être invité à faire un cours, il traite le problème des petites nations dans la crise européenne.

Avec l'approbation du pays, Masaryk publie le 15 Novembre 1915 un manifeste contresigné par les représentants des colonies tchécoslovaques de l'étranger. Ce document proclamait solennellement que « les Tchèques se plaçaient aux côtés des « peuples slaves et de leurs alliés, sans aucune con- « sidération de succès ou d'insuccès, parce qu'ils « défendent le droit. Décider de quel côté se trouve « le droit dans cette lutte gigantesque, c'est une « question fondamentale de morale politique à « laquelle aucun homme politique, honnête et digne « de ce nom, aucune nation consciente ne saurait « se dérober ».

Le 3 Février 1916, M. Briand, alors Président du Conseil, assure Masaryk de la sympathie de la France pour le peuple tchèque (1). Le 22 du même

(1) A rapprocher de cette démarche la lettre de félicitations adressée neuf ans plus tard (Avril 1925) par M. Benès à M. Briand, Ministre des Affaires étrangères du Ministère Painlevé et dont ci-dessous un extrait :

« Depuis le jour où en 1916 vous avez reçu au Quai d'Orsay M. le Président Masaryk, vous avez rendu à notre nation des services inappréciables. Depuis la naissance de notre Etat, j'ai eu l'honneur de collaborer avec vous dans un esprit d'intimité, de sympathie et d'amitié sincères, mois, à la Sorbonne, Masaryk prononce le discours d'ouverture de l'*Institut d'études slaves,* affirmant que le danger de l'heure présente ne venait pas du panslavisme, mais du pangermanisme, et démontrant que les aspirations des Slaves non affranchis ne portaient en aucune façon atteinte aux droits des autres nations, pas plus qu'elles ne favorisaient l'expansionnisme russe, mais qu'elles élevaient une digue contre le pangermanisme.

L'année 1916 fut, du reste, une année bien pénible pour Masaryk : d'une part, il suivait avec inquiétude les événements qui se passaient dans l'Empire des Tsars et qui exerçaient une influence néfaste sur la marche du mouvement tchécoslovaque ; d'autre part, ce fut l'époque des bruits de paix séparée et Masaryk dut déployer toute son

qui n'a jamais manqué d'apporter à nos deux nations les résultats les plus heureux dans la politique d'après la guerre. La collaboration efficace que nous avons poursuivie personnellement, à Genève lors de l'Assemblée et depuis au Conseil de la Société des Nations est certainement un gage de la collaboration que je tâcherai de poursuivre avec vous et qui nous aidera à réaliser, malgré tout, les idées soutenues en commun pendant ces derniers mois.

Vous pouvez compter sur mon attachement à votre pays et sur l'amitié que je lui garderai toujours. Je sais aussi, mon cher Président, que vous continuerez, vis-à-vis de nous la politique qui, depuis 1916 était votre tradition et qui vous est dictée par vos sentiments à l'égard de notre pays et de mes efforts personnels. »

ardeur à démontrer que l'Autriche-Hongrie ne pouvait ni ne voulait se détacher de l'Allemagne.

Dans la note adressée par les Alliés au Président Wilson, le 10 Février 1917, l'affranchissement des Tchécoslovaques fut pourtant indiqué comme, l'un des buts de l'Entente ; la promesse était certes vague, mais enfin elle traite la question tchécoslovaque comme une question d'intérêt général et non pas comme concernant exclusivement la politique intérieure de l'Autriche-Hongrie.

Les Volontaires pour le Front de France

Mais, revenons à Petrograd, où j'étais arrivé fin Août 1917 avec mes officiers. Depuis le mois de Mai de la même année, Masaryk s'employait à Petrograd à diriger le mouvement tchécoslovaque au milieu des pénibles péripéties de la révolution russe ; dans la liberté à peine conquise, commençaient de nouvelles luttes et la révolution, de politique, devenait sociale. Les hommes qui étaient portés au pouvoir étaient bientôt usés, et les démarches qu'avait à faire Masaryk n'aboutissaient pas.

De plus, les Tchécoslovaques dont la révolution (1) avait paru encourager les espoirs dans la question de la création des organisations militaires s'étaient bientôt heurtés à une défaveur croissante. En effet, dans les milieux qui réclamaient alors la paix, et chez lesquels l'idée de paix s'identifiait avec celle de liberté, la formation d'une armée disciplinée suscitait la méfiance. Cependant, la vaillante

(1) Il s'agit de la révolution russe de Février 1917.

attitude de la brigade tchécoslovaque à Zborow (1) força l'admiration de Kerenski et gagna, du moins en apparence, sa faveur. Malheureusement, les tendances de la révolution russe la menaient à une paix séparée.

Masaryk ne pouvait donc que persévérer dans son idée de diriger sur le front de France les unités militaires tchécoslovaques qui seraient formées en Russie ; au cours de notre première entrevue, il m'expliqua, avec foi, enthousiasme et abondance d'arguments, les avantages que non seulement la cause tchécoslovaque, mais encore la France et les Alliés retireraient de l'emploi sur le front occidental des troupes tchécoslovaques amenées de Russie ; il évaluait à quarante mille au moins le total des forces qui pourraient être prêtes dans un délai de trois mois, si toutefois l'on arrivait à aplanir les obstacles que l'on rencontrerait du fait des Russes ; et ce nombre, ajoutait-il, pourra être sérieusement augmenté, si les circonstances deviennent favorables.

(1) L'armée russe, sous l'action des partisans intransigeants de la Paix, se désagrégeait. Sa dernière offensive venait de démontrer la lassitude qui l'imprégnait. Seuls les Tchécoslovaques encadrés dans l'armée russe remportèrent une grande victoire à Zborow (3 juillet 1917), à l'ouest et non loin de Tarnopol ; malheureusement abandonnés par les Russes, ils ne purent en profiter, sinon pour ralentir la tragique retraite de Galicie.

Le plus grand nombre de volontaires tchécoslovaques se trouvait, en effet, en Russie et en Sibérie, où il appartenait à deux catégories principales : prisonniers de guerre autrichiens ou hongrois du front russe, colons venus de la Bohême, de la Moravie, de la Slovaquie ou de la Silésie ; prisonniers dont la quantité dépendait avant tout de l'empressement mis par des soldats peu enthousiastes à fuir un régime pour lequel ils se battaient à contre-cœur ; colons arrivés en Russie avant la guerre mondiale pour éviter l'oppression autrichienne (1).

Je pus bien vite constater que Masaryk et ses collaborateurs ne chômaient pas, et je ne fus pas peu étonné de trouver installés rue Nadejdinskaïa de véritables ministères comportant de nombreuses sections ; une impression de travail méthodique, d'organisation pratique, de fière indépendance, d'enthousiasme pour une cause sacrée et aussi de respect pour Masaryk planait dans ces locaux ; impression d'autant plus forte que l'anarchie, sans régner encore en maîtresse à Petrograd, y avait déjà pris solidement pied.

Le soir venu, on se retrouvait au *Café de l'Europe ;* Masaryk nous y rejoignait parfois et, au cours de ces réunions intimes, se fortifia chaque jour davantage l'estime, doublée de respectueuse sympathie, que m'inspirait le maître vénéré de tous les

(1) Voir annexe III.

Tchécoslovaques ; j'appris aussi à connaître l'homme, qui alliait une réelle bonté à une simplicité charmante.

Les volontaires qui nous intéressaient étaient répartis dans les nombreux camps de prisonniers et dans diverses localités de la Russie et même de la Sibérie ; il fallait les grouper dans un petit nombre de camps déterminés ; cela demandait des négociations avec les autorités gouvernementales et locales et Masaryk se heurtait là à de grosses difficultés. Pour ne parler que des autorités gouvernementales, le Gouvernement Provisoire de Kerenski songeait à retenir les volontaires tchécoslovaques sur le sol russe ; tant par inertie que par politique, il faisait perdre à la cause tchécoslovaque un temps précieux. Mais Masaryk ne se décourageait pas.

J'ai déjà dit que l'on voulait diriger ces volontaires sur la France, et le lecteur s'est sans doute demandé pourquoi, puisqu'il y avait un front oriental, front où la France était même représentée par la *première mission Janin.* Oui, il existait encore un front oriental (nous sommes à l'automne 1917) ; mais ce front était en pleine déliquescence ; les fameux prikazes de Kerenski avaient déjà commencé à porter leurs fruits; un à un ou par petits paquets, les soldats russes s'éloignaient du front avec armes et bagages ; quant à ceux qui restaient, ils pratiquaient en grand la fraternisation.

Plus que jamais, Masaryk tenait à son idée : faire participer les volontaires tchécoslovaques aux combats du front décisif, le front occidental, afin de les faire participer aux bénéfices de la victoire, parmi lesquels il voyait resplendir la création et l'indépendance de la Tchécoslovaquie.

Lorsque j'allais le voir dans le modeste appartement qu'il occupait à Petrograd, je le trouvais souvent penché sur la carte de l'Europe ; il aimait à me définir les contours du futur territoire tchécoslovaque ; certes, il restait confiant, mais de plus en plus ses espérances s'enveloppaient de difficultés.

En attendant, nous n'avancions pas et mes officiers, qui auraient dû se mettre en route sur les divers camps où il fallait rassembler les volontaires, étaient toujours à Pétrograd. Etant parti à Mobilew (grand quartier général des armées russes) accompagné de deux représentants de Masaryk, je réussis pourtant à obtenir, non sans peine, et grâce au général Doukhonine, alors généralissime, le départ pour le front occidental de 1.300 volontaires ; ceux-ci se trouvaient dans la région de Jitomir où je me rendis ; transportés par voie ferrée à Arkhangelsk, ils furent embarqués sur le magnifique bateau russe le *Koursk ;* c'est à eux que j'ai fait allusion à propos des soldats russes que nous avions débarqués à Arkhangelsk, fin août.

Sur le *Koursk,* je rencontrai beaucoup de Français et de Françaises décidés à quitter définitivement la Russie où certains s'étaient crus établis à jamais ; ceux-là avaient le pressentiment que la révolution de février allait bientôt être suivie d'un bouleversement autrement grave ; pressentiment qui n'était pas trompeur, puisque Lénine et ses bolcheviks étaient en train de préparer l'opération qui les rendrait maîtres de Pétrograd et d'une partie importante de la Russie.

Sur ces entrefaites, le général Janin, qui avait cru devoir signaler la décomposition de l'armée russe, fut remplacé par le général Niessel. Ce dernier arriva à Pétrograd en octobre 1917, avec mission de ranimer, militairement parlant, le front oriental qui se mourait ; il amenait un sérieux renfort en officiers français. Hélas ! on peut bien dire maintenant que c'était peine perdue : il n'y avait plus rien à tirer de l'armée russe : « comment obligeriez-vous à boire un âne qui n'a pas soif », disait-on dans l'entourage de Masaryk ; et combien maintenant apparaissait justifié le point de vue de ce dernier, préoccupé d'enlever ses volontaires au gâchis russe et de les diriger vers des pays ordonnés, afin de montrer en pleine et bonne lumière que les déserteurs tchécoslovaques étaient dignes de l'indépendance tant convoitée.

Le mouvement vers la France, symbolisé par le départ du *Koursk*, n'eut pas de lendemain ; les transports qui auraient dû amener des bords de la Duna vers les ports de notre pays quarante mille combattants, enthousiastes et aguerris, ne vinrent jamais à Arkhangelsk, et je dis quarante mille au moins. Le général Niessel, ayant constaté que la mission dont j'étais le chef allait tomber en sommeil, du fait des circonstances, chaque jour plus difficiles et plus graves, en prononça la dissolution, et désormais je restai seul chargé de la question tchécoslovaque ; mes officiers recevaient en Russie, du général Niessel, une affectation nouvelle.

La *Section Russe* du *Conseil National Tchécoslovaque* utilisait de son mieux les jours qui passaient et s'efforçait de ne pas marquer le pas, malgré les obstacles qui l'empêchaient d'avancer, obstacles concernant les négociations au sujet de l'enlèvement des volontaires pour le front occidental, les transports et ravitaillements à prévoir à l'occasion de cet enlèvement, la solde et les vivres en tout cas, etc...

Les recherches ayant pour but de découvrir les prisonniers de guerre tchécoslovaques et les colons tchécoslovaques continuaient sans arrêt ; de jeunes officiers parcouraient la Russie et la Sibérie, enregistrant les uns et les autres ; on faisait l'appel des ressources de toute sorte que pourrait fournir la collectivité des colons, on nouait des relations avec les indigènes sur tout le territoire.

Qu'était-ce donc que la *Section Russe* du *Conseil National Tchécoslovaque* ? Dès que Masaryk et ses adeptes de la première heure avaient entrevu la possibilité, pour ne pas dire l'obligation, d'exploiter les velléités d'indépendance de leurs compatriotes, un *Comité pour l'étranger* avait été formé ; il comprenait au début les signataires du manifeste du 15 Novembre 1915, manifeste dont le lecteur a pu noter la fière tenue par l'extrait cité plus haut. En Février 1916, le *Comité pour l'étranger* devient le *Conseil National Tchécoslovaque,* reconnu par tous les Tchécoslovaques comme autorité gouvernementale ; il fut peu de temps avant la fin de la guerre considéré par les Alliés comme gouvernement de fait. C'était en somme le gouvernement d'un Etat qui n'existait pas encore ; mais ainsi se trouvait justifié le droit qu'avaient Masaryk et son Conseil National de parler au nom de la Nation.

Si le lecteur veut bien se remémorer la constitution de l'Europe centrale à l'époque dont il est question, il se rendra immédiatement compte que le Conseil National tchécoslovaque ne pouvait facilement centraliser ses opérations : l'endroit tout indiqué pour le siège du Conseil était le dernier auquel il fallait songer, puisque Prague était dans les mains du gouvernement autrichien ; il fut donc décidé que le Conseil siégerait à Paris et comporterait autant de sections qu'il serait nécessaire (française, italienne, russe, américaine, etc...).

La section française, sous l'égide de Benès, était, pour ainsi dire, le cœur de l'organisme dont il s'agit ; c'était elle, en effet, qui recevait les encouragements des Alliés et avant tout, de la France, encouragements donnés d'abord par les particuliers, ensuite par les gouvernements ; de plus, elle était placée à la source des renseignements qui lui étaient nécessaires pour diriger le mouvement avec sûreté dans la voie des réalisations effectives; elle était la mieux placée pour trouver des moyens d'action.

Le cerveau du Conseil National Tchécoslovaque était, bien entendu, partout où se trouvait Masaryk, qui cumulait donc depuis Mai 1917, la situation de sujet de Sa Majesté François-Joseph avec celles de Chef d'Etat d'un Etat inexistant et de chef de la section russe du Conseil National Tchécoslovaque.

La situation en Russie devenant chaque jour plus confuse, Masaryk s'appliquait sans cesse à rendre les formations tchécoslovaques indépendantes du gouvernement et du commandement russes ; à force de négociations, il avait réussi à les placer sous l'autorité de droit du Conseil National tchécoslovaque.

Quoi qu'il en soit, Kerenski ne réussissait pas à gouverner et l'heure de Lénine allait sonner ; tout ce qui n'était pas vraiment russe, mais avait appartenu à un titre quelconque à l'Empire des Tsars, sentait l'heure venue d'enlever l'habit moscovite et de revêtir un uniforme national ; par ailleurs, Serbes, Slovènes, Croates, Lettons, Esthoniens, Polonais, Georgiens, etc., n'étaient pas sans avoir remarqué l'activité déployée par les Tchécoslovaques pour donner corps à leur indépendance et se trouvaient désireux de s'affranchir aussi. Alors affluèrent *Italianskaïa* (rue d'Italie), à Petrograd, les représentants de ces diverses nationalités ; c'était à la mission française un vrai défilé de figures bien intéressantes, dont plusieurs sont maintenant au premier plan de l'actualité dans leurs pays respectifs.

Je fus chargé par le Général Niessel de cette question des armées nationales ; je prenais note des propositions faites et nous élaborions des plans d'action : l'organisation des Tchécoslovaques, de beaucoup la plus avancée, devait servir de modèle. Avec les corps de troupe « nationaux », qu'on aurait créés, on voulait revivifier le front oriental, où on espérait fixer, à côté des nouvelles unités provenant des diverses nationalités *slaves,* les rares unités *russes* fidèles à l'idéal de la patrie. Hélas ! outre que le front oriental agonisait, ainsi que je l'ai déjà dit, tous ces beaux projets furent anéantis par la révolution bolchevique et la paix de Brest-Litowski. Du moins, ce travail d'organisation, s'il fut détourné de l'objectif essentiel du moment, la guerre contre les Empires Centraux, permit à ces éléments divers de se grouper, de se compter et de former les noyaux des masses ethniques qu'il y avait intérêt à détacher de deux jougs aussi odieux l'un que l'autre : le joug pangermaniste et le joug bolchevik.

Mais si la ténacité de Masaryk n'avait encore abouti qu'à très peu de chose, en ce qui concerne l'enlèvement de ses volontaires pour le front de France, son travail d'organisation était en bonne voie ; la droujina (compagnie), de 1915 était devenue brigade ; la brigade de Zborow était devenue division, et la division venait d'être transformée en un corps d'armée, dont le commandement était confié au Général russe Chokorow, et qui fut appelé le 1er Corps d'armée tchécoslovaque.

L'Etat-Major du corps d'armée, état-major dont le chef était le général russe Diterichs, était à Kiew, la curieuse et magnifique capitale de l'Ukraine ; la 1re Division était cantonnée dans la région à l'ouest de Kiew, la 2e dans la région à l'est. Les prisonniers de guerre, les colons continuaient à se grouper dans des camps déterminés, sur tout l'immense territoire de la Russie et de la Sibérie ; et, de temps à autre, un détachement partait de chacun de ces camps, venant grossir l'effectif des deux Divisions.

Masaryk fut donc amené à quitter Petrograd, où son action diplomatique avait produit tout ce qu'elle semblait pouvoir jamais produire, et à transporter à Kiew le siège de son activité. Le Général Niessel m'envoya, bien entendu, auprès de lui.

Le corps d'armée tchécoslovaque

Je partis de Petrograd le 2 Janvier 1918, ayant toutefois assisté à l'émouvante réunion du nouvel an de la colonie française, réunion présidée par M. Noullens et qui devait être la dernière de son espèce : Lénine régnait désormais en maître dans l'ancienne capitale de l'Empire des Tsars ; les événements donnaient raison au Capitaine Sadoul et au Lieutenant Pascal (1), qui, deux mois durant, n'avaient cessé de nous affirmer que le régime bolchevik durerait plus de temps que nous ne voulions l'admettre. Ma tâche allait devenir bien compliquée, selon toute vraisemblance, car il était aisé de prévoir que je ne pourrais, de Kiew, communiquer que difficilement avec le Général Niessel et d'ailleurs, que réservait demain à l'organisation tchécoslovaque ? On n'osait plus espérer que le corps d'armée

(1) Officier de réserve, ancien élève de l'Ecole normale Supérieure (section des lettres).

se rendrait, par des voies régulières et directes, vers le front occidental, et l'on avait raison ; mais on ne voulait pas désespérer.

Kiew n'était pas encore aux mains des bolcheviks et l'Ukraine, dont elle était la capitale formait alors une sorte de République. Dans la capitale en désarroi où, malgré tout, l'on chante et l'on danse, puisque nous sommes en Russie, on essaie de gouverner ; mais quel gâchis ! On essaie même de s'entendre directement avec l'Autriche. Il faut reconnaître que le rôle du gouvernement ukrainien, ce nouveau venu sur la terre de la grande Russie, n'était pas commode.

Et Masaryk, après avoir négocié si péniblement à Petrograd avec Kerensky d'abord, avec les bolcheviks ensuite, devait aborder maintenant un nouveau cycle de démarches avec les autorités gouvernementales et locales de Kiew. La Section russe du Conseil National Tchécoslovaque fonctionnait désormais à Kiew, puisque Masaryk y était ; le recrutement, s'il était ralenti par le désordre du moment, n'en était pas moins poussé activement sous l'impulsion inlassable de Masaryk, secondé par ses collaborateurs, la plupart aussi ardents que jeunes, et notamment par Maxa ; l'organisation du corps d'armée restait la grosse préoccupation de tous, mais le rendement du travail d'organisation se ressentait de la présence dans les postes importants d'officiers russes, les uns démoralisés, les autres apathiques ; beaucoup d'entre eux étaient venus tout simplement chercher dans les rangs des Tchécoslovaques un abri protecteur contre l'insécurité du lendemain.

Je fus chargé par Masaryk d'inspecter les unités du corps d'armée.

La note ci-dessous, que j'adressai au Général Niessel le 18 Janvier 1918, donne une idée de ce qu'était le 1er Corps d'Armée tchécoslovaque à la veille des graves événements qui allaient se produire sur le front occidental :

Mission militaire française
en Ukraine

Kiew, le 18 Janvier 1918.

Note sur la situation actuelle de la 2e Division du Corps d'armée tchécoslovaque :

« La présente note est le résumé des observations faites à l'occasion d'un récent et court séjour dans les cantonnements occupés par la 2e Division du Corps d'armée tchécoslovaque.

ETAT-MAJOR :

L'Etat-Major de la Division est installé à Yagotine (est de Kiew).

Le Général Commandant la Division est le Général de brigade Podgaietski. Auprès de lui, un colonel commandant l'infanterie de la Division.

Le chef d'Etat-Major de la Division est un officier russe ; il est âgé de 30 ans. Presque tous les officiers de l'Etat-Major sont russes ; l'officier chargé des opérations est âgé de 25 ans.

Auprès du Général Commandant la Division à Yagotine même, est en voie d'organisation un bataillon d'instruction, comprenant les quatre compagnies d'assaut de la Division (1 par régiment) ; la compagnie du 7e régiment est déjà arrivée.

A Yagotine même, un hôpital divisionnaire, peu de malades.

Le train de la Division est installé en principe à Gonolovka (est de Kiew) ; ses voitures se trouvent en réalité à Biéloé-Tserkvié (ouest de Kiew).

Infanterie :

Le commandement des régiments est exercé par des colonels ou lieutenants-colonels russes, qui ont auprès d'eux un lieutenant-colonel, russe également. Les commandants de régiment sont très jeunes ; le colonel Tchervinka a 28 ans.

La situation au point de vue du ravitaillement en vivres est satisfaisante. Les régiments ont installé des boulangeries de fortune, reçoivent la farine en quantité suffisante, et font eux-mêmes leur pain ; les autres denrées et le combustible arrivent dans de bonnes conditions.

Les munitions ne sont pas au complet, les régiments disposent à peine du nombre de cartouches que les hommes portent sur eux-mêmes en campagne. Il est presque impossible d'exécuter des tirs. Les régiments possèdent des grenades de divers modèles, mais en trop petit nombre.

Pour l'habillement, de grandes différences d'un régiment à l'autre. Au 8e par exemple, la situation est excellente ; non seulement chaque homme est chaudement vêtu, mais le magasin du corps possède d'abondantes réserves de toute nature (effets chauds, brodequins, etc.); les ateliers de réparations, bien organisés, permettent d'assurer l'entretien.

Au 7e régiment, les hommes sont mal chaussés, médiocrement habillés; en particulier, les conducteurs manquent de tout et déserteront peut-être, si leur situation ne s'améliore pas à bref délai.

ARTILLERIE :

Le Commandant de l'artillerie de campagne de la 2e Division est un colonel russe ; il a sous ses ordres des lieutenants-colonels russes, le tiers du reste des officiers est composé de Russes, les deux tiers sont des officiers tchèques.

La 2e Division ne possède que 18 canons au lieu de 36 qu'elle devrait avoir, les accessoires manquent ou sont en mauvais état ; il existe à peine les chevaux nécessaires.

Au point de vue matériel, les hommes enduren*

de réelles privations, tant au point de vue vivres qu'au point de vue de l'habillement ou du chauffage; dans plusieurs batteries, certains ne peuvent sortir, tant leur habillement est défectueux et leurs camarades leur apportent la soupe au cantonnement ; dans telle autre batterie, on a manqué de pain et de bois ces jours derniers.

Génie :

Le Génie divisionnaire est cantonné à Berezanne, auprès du 7e régiment d'infanterie; il est commandé par un jeune capitaine russe ; il possède une très grande partie du matériel, mais l'habillement des hommes est insuffisant.

Observations d'ensemble :

L'organisation de la 2e Division ne saurait être considérée comme terminée ; l'Etat-Major du corps d'armée et l'Etat-Major de la Division doivent faire un effort pour la mener à bien. Le temps ne manque pas aux officiers qui servent dans ces Etats-Majors ; ils ne doivent pas se borner à adresser des demandes qui, souvent, restent sans réponse ; ils doivent se déplacer, faire des démarches ; ils doivent visiter les unités de la Division, le fait qu'ils n'ont pas d'automobile n'est pas une excuse; ils peuvent aller en traîneau dans les cantonnements.

Les officiers d'Etat-Major de la Division et les Commandants de régiment sont trop jeunes (voir plus haut) ; la bonne volonté, l'ardeur et les capacités des Tchèques ne sont pas suffisamment exploités ; une meilleure compréhension de l'avancement en ce qui concerne l'élément tchécoslovaque améliorerait la valeur de la Division ; du reste, le Corps d'armée tchécoslovaque possède de précieuses ressources pour le recrutement des cadres.

L'arrivée d'officiers français dans les Etats-Majors et dans les régiments s'impose ; le personnel tchèque (officiers et soldats) est excellent; il faut éviter à tout prix que la présence des officiers russes dans les emplois de première importance empêche d'en tirer tout le parti possible. Car il faut tout dire : si, par exemple, le 8e Régiment est bien commandé, il n'en est pas moins certain que plusieurs officiers sont simplement les créatures des généraux Chokorow et Tchervinka.

Il est à souhaiter que désormais les désignations d'officiers russes arrivant dans les cadres du Corps d'Armée et l'avancement à partir du grade de Chef de Bataillon soient soumis à l'approbation du général Tabouis.

L'instruction est assez vivement poussée dans plusieurs unités, malgré les difficultés de l'heure présente ; la troupe fait preuve de souplesse dans les déploiements et le soldat pris isolément montre de la confiance en soi ». Signé : Commandant Vergé.

Sans doute le matériel était loin d'être au complet, mais il y avait là une force qu'on ne pouvait négliger et dont l'existence ne manquait pas d'intérêt. N'oublions pas d'ailleurs que, si l'ordre avait régné en Russie, les effectifs des troupes tchécoslovaques auraient pu être sensiblement augmentés ; il n'est pas exagéré de dire qu'on aurait atteint le chiffre de cent mille hommes. Combien il est dommage que le front occidental n'ait pas bénéficié au printemps de 1918, de cet appoint en combattants, désireux de se mesurer avec les Allemands, les Autrichiens et les Magyars, au nom d'une cause sacrée !

Sans vouloir diminuer en rien la valeur de l'appui qui fut prêté aux Alliés par les troupes américaines, il est permis d'affirmer que cent mille Tchécoslovaques, volontairement enrôlés en Russie et Sibérie, auraient apporté aux mêmes Alliés une aide autrement efficace que ne lui en apportaient le même nombre de soldats américains. Les Tchécoslovaques avaient la haine de l'Allemand, du Hongrois et de l'Autrichien ; ils étaient entraînés et aguerris, ils connaissaient, pour l'avoir pratiquée, la manière de combattre de l'adversaire ; comme ils étaient au courant des ruses de guerre en honneur chez nos adversaires, et parce qu'ils parlaient leur langue, leur utilisation bien comprise sur le front occidental aurait aggravé les paniques dans les rangs adverses et facilité la capture de nombreux prisonniers.

Vous saisissez sur le vif la responsabilité encourue, à commencer par Kerenski, par ceux des Russes qui n'ont pas favorisé à temps le départ des unités tchécoslovaques pour la France dans les conditions où il avait été primitivement prévu. D'autant que les Tchécoslovaques auraient été suivis par tous les allogènes qui foulaient le sol russe ; le sol russe n'était désormais pour eux, ni le sol de la patrie, ni même le sol de la patrie d'adoption qu'avait été la Russie jusqu'à l'arrivée de Lenine au pouvoir : Polonais, Lettons, Esthoniens, Georgiens, Roumains, etc... se seraient dirigés à leur tour vers le front occidental, si on les y avait appelés. Sans doute, il y avait les sous-marins, mais nous étions en 1918 et le submersible allemand était devenu moins à craindre.

Tandis que je secondais Masaryk de mon mieux, dans son travail herculéen, fonctionnait à Kiew une mission française à la tête de laquelle se trouvait le Général Tabouis. Ce dernier avait été d'abord le conseiller technique du commandant du groupe d'armées russes du Sud-Ouest, dont le quartier général était à Berditchev ; lorsque la République d'Ukraine fit son apparition, le Général Niessel, constatant par ailleurs que le front russe du Sud-Ouest agonisait, détacha le Général Tabouis à Kiew, auprès du gouvernement ukrainien, avec mission de ranimer le front sud-ouest et le Général Tabouis prit le titre de Commissaire de la République française auprès de la République d'Ukraine ; on ferait appel notamment aux formations organisées avec les Russes d'Ukraine, ayant appartenu à des unités des autres fronts, où l'on ne songeait qu'à fuir la tranchée. Bientôt Kiew fut coupé de Petrograd, et nous fûmes rattachés à la mission de Roumanie,avec laquelle la liaison ne fut pas des plus faciles à établir. L'imbroglio continuait, et, certes, il n'était pas près de finir.

Trotski ayant signé la paix de Brest-Litowski, le front russe n'existait plus ; la guerre mondiale n'était pourtant pas finie, et nous savions, malgré la rareté des nouvelles exactes, qu'on s'attendait sur le front occidental à des événements décisifs. On peut juger, dans ces conditions, combien était précaire notre situation à Kiew, alors surtout que le gouvernement ukrainien était faible, inexpérimenté et suspect de germanophilie ! Or, sans son appui, qu'il s'agisse des Tchécoslovaques ou de la mission française, ou des Polonais, des Serbes, des Croates, des Slovènes, des Roumains et autres, il n'y a rien à faire.

Le chaos ukrainien

Puisque la Russie abandonnait la partie, il ne restait plus qu'à essayer de former un front avec tout ce qui n'était pas russe, c'est-à-dire : 1° avec le Corps d'armée tchécoslovaque ; 2° avec les unités polonaises que le Général Rampont, de la mission Niessel, organisait dans la région de Minsk et que pouvaient renforcer celles en voie de recrutement dans la région de Kiew ; 3° avec les éléments des diverses nationalités échoués en grand nombre dans l'Ukraine non encore bolchevisée; les Cosaques (1) et les unités ukrainiennes auraient fourni, théoriquement du moins, le plus gros appoint.

L'enthousiasme, les unités ukrainiennes mises à part, était incontestable, et on a le droit de penser qu'il constituait un facteur important de succès, à

(1) Les Cosaques et Ukrainiens étaient considérés comme ayant une nationalité distincte de la nationalité russe.

l'heure où Allemands, Autrichiens et Magyars se préparaient à envahir la fertile Ukraine.

Malheureusement ce projet d'opérations, si séduisant dans le désarroi où l'on se trouvait, n'avait pas de chances pratiques d'aboutir. Où étaient les approvisionnements en munitions nécessaires ? Les vivres ne manquaient pas, certes ! Ce qui était inexistant, c'était l'organisation indispensable en vue du rassemblement des denrées, de leur répartition et de leur distribution ; mais supposons-la réalisée : où était le surhomme, qui, dans le désordre régnant, aurait su et pu donner un cours régulier au flot des transports ?

Si le régime bolchevik n'était pas encore instauré en Ukraine, la propagande bolchevique y faisait, en tout cas, des progrès très sérieux : tout le monde commande et personne n'obéit ; les soldats russes, présents partout où il y a quelque chose à piller, sont les maîtres de l'heure; isolés, par dizaines, centaines, ou milliers, ils vont à travers l'immense Russie et l'Ukraine les attire ; ils entendent donner des ordres aux divers représentants de l'aurité et même faire marcher les trains à leur guise : le comique se joint à l'odieux ! N'oublions pas que, s'ils ont abandonné le front, ils n'ont pas abandonné leurs armes ; abrutis par la vodka qu'ils trouvent et boivent en abondance, ils constituent à la fois un danger et un obstacle.

Quoiqu'il en soit, le Général Tabouis s'efforça de préparer la résistance à l'invasion et déjà, les officiers français sous ses ordres avaient reçu des commandements ; le front à tenir fut même fixé ; il était jalonné, entre autres, par les localités de Vinnitsa et Jmérinka.

Mais arriverait-on à temps pour empêcher les Roumains d'être débordés ?

Masaryk avait effectué un voyage en Roumanie et en était revenu décidé à ne pas engager ses volontaires dans une affaire pour lui vouée à priori à l'insuccès. Si seulement on avait pu reporter assez loin en arrière vers l'est le front roumain et son prolongement, dont les Tchécoslovaques et autres allogènes, dans le plan du Général Tabouis, devaient prendre leur part !

Mais ce dernier n'eut pas à résoudre le gros problème qui aurait consisté d'abord à mettre de l'ordre et de l'homogénéité dans ce groupement bizarre de toutes les nationalités que j'ai déjà énumérées et, en second lieu, à en tirer parti ; et la question de l'assentiment de Masaryk ne se posa plus.

C'est que les événements se précipitent : d'une part, la paix est pour ainsi dire imposée à la Roumanie, maintenant isolée sur l'immense échiquier oriental, paix conclue dans les conditions que l'on connaît ; d'autre part, la révolution bolchevique arrive aux portes de Kiew. Que vont devenir les Tchécoslovaques ? L'idée d'un front oriental à reconstituer ayant vécu pour l'instant, vont-ils prendre part à la bataille pour Kiew qui s'engage entre les Bolcheviks et les Ukrainiens ?

Question angoissante et à laquelle il sera fait, même dans le milieu tchécoslovaque, des réponses contradictoires. Mais les troupes austro-allemandes approchent et le gouvernement ukrainien a, lui aussi, signé la paix avec les Empires Centraux. Se diriger vers l'est à pied ou par voie ferrée, il n'y faut pas songer encore, les questions les plus importantes, concernant l'argent nécessaire et l'administration, n'ayant pu être résolues par suite de l'incapacité, de l'inexpérience et peut-être même du mauvais vouloir du gouvernement ukrainien.

Si jamais la présence de Masaryk parmi ses volontaires fut chose d'un prix inestimable, c'est bien dans les heures tragiques que j'évoque en ce moment. Tiraillé à gauche par la révolution rouge et à droite par la contre-révolution, Masaryk fait admettre par la Section russe du Conseil National que le Corps d'armée ne prendra pas part à la guerre civile dont l'enjeu est la ville de Kiew.

Les Tchécoslovaques éviteront-ils, au milieu de tout ce fatras de complications, d'être accrochés par les Austro-Allemands ?

Bolcheviks et Ukrainiens vont donc se disputer

la malheureuse « reine du Dniéper » : bombardements, guerre de rues, massacres, incendies, scènes de désordre, d'orgies et de désolation, c'est à se demander si l'on ne vit pas dans un enfer de fous.

Le Capitaine Jourdan, notre infortuné camarade, est atteint par une balle et mortellement blessé non loin de l'établissement des Postes et Télégraphes, que les deux adversaires se disputent avec acharnement. Les pires éléments de la populace se mettent, comme de coutume, de la partie, et voici, pour fixer ces idées, ce que je relève sur mon carnet de route à la date du 8 Février et du 9 Février :

8 Février.

« Vers midi, il semble pourtant qu'on assiste aux « dernières convulsions; du reste, on apprend bien-« tôt que les Ukrainiens ont abandonné la partie. « Les bolcheviks entrent en vainqueurs. Je suis « frappé de la bonne tenue des hommes, chevaux « et voitures d'une batterie qui stationne, à Pouch-« kinskaïa (1). Diterichs me dépeint Kiew vu de son « appartement : magique sous les incendies, et « combien tragique aussi ; qui dira, qui saura le « nombre des victimes, la variété des souffrances « morales et physiques. Bibikowski Boulevard, la « maison de l'assassin de Stolypine, atteinte, elle « aussi, par le haut, commence à brûler ; les pom-

(1) Rue Pouchkine.

5

« piers essaient de conjurer l'incendie ; tentative « louable, mais enfantine, tellement dévorant se « montre l'appétit des flammes.

« Les perquisitions commencent, avec leurs péri- « péties sanglantes ; le revolver au poing, les bol- « cheviks exécutent la sentence immédiatement ; la « Levachovskaïa est jalonnée par des cadavres d'of- « ficiers, porteurs de la carte rouge de l'Ukraine « probablement ; une dizaine de nos Tchèques « auraient été fusillés ; durant mon absence, un sol- « dat bolchevik s'est correctement emparé de mon « revolver.

« Je rassure des Français (1) inquiets de l'arrivée « des Bolcheviks ; je reste persuadé que la journée « constitue un échec pour les Empires Centraux.

« Les peupliers de Kiew, si jolis hier sous les « perles de verglas, se sont dépouillés de leur parure « et les Bolcheviks ont fait leur entrée sur un tapis « de neige tombée à tout menus flocons. Aujour- « d'hui, j'ai vécu de biscuit. Il faut rentrer avant « la nuit, sous peine de tomber victime des « kou- « ligans (2), ou des bandes énivrées.

« 9 Février.

« Je suis en possession d'un autographe de Mou-

(1) La plupart ignorent que le Gouvernement ukrainien est appuyé par l'Autriche-Hongrie.

(2) Bandits (en langue russe).

« raviev (1) ; il s'agit simplement de mon laisser-
« passer. C'est le Capitaine Basset qui a été délégué
« auprès du vainqueur ; il m'a raconté comment
« Mouraviev fait pour ainsi dire tout, à lui seul ;
« la sauvage férocité du second, Repnou, gaillard
« d'une trentaine d'années, avec une tête de
« bandit, et son émotion à voir tomber sans appel
« les têtes de ceux que condamne si rapidement la
« décision révolutionnaire.

« De nombreuses patrouilles à pied et à cheval
« circulent ; encore des fusillades, moyen de ter-
« reur sans doute, résistance aussi peut-être de
« ceux qui sont certains d'être remis aux soldats
« bourreaux tout à l'heure.

« Comment décrire l'animation, toute spéciale à
« cette heure, du Kreschatik (2) ! Beaucoup de cu-
« rieux, beaucoup de personnes courant aux provi-
« sions ; du reste, il faut s'attendre à ne pas avoir de
« pain avant demain ; des quantités de prisonniers
« autrichiens vêtus de loques, de sinistres figures
« d'apaches, évadés sans doute des prisons, des
« femmes semblant avoir perdu la notion de la
« coquetterie, aux traits ridés, pas encore bien cer-
« taines de la résurrection ; et le clou inédit du
« soldat bolchevik dans toutes les tenues possibles,
« surchargé d'équipement, souvent porteur d'un

(1) Commandant des troupes bolcheviques.
(2) Boulevard le plus animé de Kiew.

« sabre d'officier, soldat de tous les âges, du gamin « de douze ans (l'un de ces mioches est même très « boiteux) jusqu'au quinquagénaire à barbe hirsute.

« Les râfles d'armes continuent et aussi le pillage, « lorsque les perquisitions ne sont pas faites par « d'honnêtes bolcheviks ; Annenkovskaïa (1), un « groupe sort d'une belle maison, ayant fait un « butin sérieux de sabres et revolvers, l'un des sol- « dats contemplant amoureusement une vieille bou- « teille couverte de poussière ; malheur à qui se « trouvera sur son chemin dans quelques heures.

« Les autos roulent, roulent, portant des hommes « armés, des infirmières et Dieu sait à quelle allure! « Délire, terreur, victoire ! Je croise un officier de « Cosaques, jeune encore, qui monte vers le Palais « Marie, escorté par trois baïonnettes ; dans quel- « ques minutes, il aura terminé sa route ici-bas.

« Plus loin un groupe de porteurs : il s'agit d'une « bière où repose le corps d'une victime de la sen- « tence révolutionnaire ; Intitutskaïa (2), repose « encore sur le trottoir un malheureux exécuté « hier, peu après mon passage ; il n'a peut-être ici « ni parents, ni amis ; personne pour l'identifier, « l'emporter. Levachowskaïa, une mare de sang à « l'endroit où j'aperçus hier aussi une autre vic- « time.

(1) Rue d'Annenkow.

(2) Rue de l'Institut.

« Les Ukrainiens, si je suis bien renseigné, n'ont « pas été humains davantage, durant la lutte à « l'égard des prisonniers bolcheviks.

« Pauvre Russie, pays où l'on se nourrit d'idéal et « où l'homme est souvent si près de la bête; où l'on « supprime la peine de mort, et où, un ivrogne, un « ignorant, un enfant, exécute un homme sans sour- « ciller » ....

....

Quant à Masaryk, il a dû quitter son domicile de l'*Hôtel de France* et se loger incognito, les Autrichiens ayant jugé le moment favorable à un enlèvement en automobile du Père de la Révolution Tchécoslovaque ; je lui rends souvent visite ; il me confie ses inquiétudes, mais ne perd pas courage.

La Note du 3 Mars 1918

La bataille de Kiew avait duré dix jours et s'était donc terminée à l'avantage des bolcheviks. Il devenait urgent de s'éloigner vers l'Est. Masaryk faisait presser les préparatifs de départ, mais malgré sa diligence, l'accrochage eut lieu entre ses troupes et les troupes austro-allemandes à l'ouest de Kiew, et aussi dans la région de Bachmatch (1).

S'éloigner vers l'Est n'était d'ailleurs que du provisoire. Le Général Tabouis reçut du Général Niessel l'ordre de rallier tout son personnel et de se diriger avec ce personnel vers Petrograd ; quant à moi, il m'était prescrit de rester avec les Tchécoslovaques « jusqu'à la mort » et de m'efforcer de rejoindre avec eux *à travers la Sibérie* le front occidental.

La Section Russe du Conseil National Tchécoslovaque et le Général Chokorov, ainsi que son état-major, se transportèrent à Piriatine (2), dans la région occu-

(1) Sensiblement à mi-distance entre Kiew et Koursk.

(2) Entre Kharkow et Kiew.

pée par les cantonnements de la 2e Division ; la 1re Division, retraitant devant les troupes austro-allemandes qui approchaient de Kiew, rejoignit la 2e.

Masaryk avait dès lors mieux à faire qu'à rester auprès de ses volontaires. Il prend place, jusqu'à Moscou, dans le train mis à la disposition du Général Tabouis pour la mission française ; à Moscou, il rédige le fameux Memorandum du 3 Mars 1918, dont la lecture est d'un si puissant intérêt : Masaryk, en effet, y a fixé sa conception de l'attitude à prendre par les volontaires tchécoslovaques et de la conduite à tenir par les unités du corps d'armée.

NOTE SUR L'ARMEE ET LES PRISONNIERS DE GUERRE TCHECOSLOVAQUES (1)

I. — Le mouvement révolutionnaire

« Dès le début de la guerre, notre nation se mit aux côtés de la Serbie, de la Russie et des Alliés : cela correspondait avec notre programme national, nous avons compris immédiatement le rôle universel de la guerre et nous nous sommes déclarés contre le pangermanisme (Berlin-Prague-Bagdad).

Nos soldats sont les premiers qui ont manifesté leur résistance contre l'Autriche, en se rendant aux Russes et aux Serbes, en refusant de rester en ser-

(1) Reproduite sans modification au texte français qui en fut communiqué à Moscou en Mars 1918.

vice, etc... Les régiments tchèques de l'Armée austro-hongroise ont été dissous ; de bonne heure, ont eu lieu des répressions en Bohême, et des hommes ont été condamnés à mort, pour être en possession du manifeste de Nicolas Nicolaïevitch, pour avoir porté secours à des prisonniers de guerre russes, etc. La presse fut poursuivie et, en général, tout ce qui était Tchèque ou Slovaque...

II. — Le Corps d'Armée

... Presque tous les officiers généraux et supérieurs sont russes. Les commandements se font en russe et en tchèque ; tous nos soldats venus en Russie y ont appris la langue russe. L'armée accuse chaque jour davantage son caractère tchèque.

Malgré tous les efforts accomplis, on n'a pu créer ni de l'artillerie lourde, ni de la cavalerie ; en général, il n'y a pas de chevaux, pas de fourrage ; il manque aussi du matériel important : aviation, etc... Il n'y a pas assez de chaussures, de vêtements.

L'armée se compose de volontaires, ayant tous une certaine culture politique. Il est connu qu'en Bohême il y a moins d'illettrés qu'en Allemagne. Chacun de nos soldats sait lire et écrire et a été membre de tel ou tel parti politique. Il y a 50 % d'intelliguentsia (1)

(1) Mot russe employé couramment pour désigner la classe instruite.

(maîtres, professeurs, ingénieurs, etc...). Une telle armée a d'autres prétentions que l'armée russe.

On a fondé des Conseils de soldats, qui s'occupent de l'alimentation, des distractions à donner aux volontaires, de leur culture à entretenir et à développer (journaux, bibliothèques, théâtres, cinémas, etc...). Nos soldats sont éloignés de leur famille, de leur patrie : il faut assurer leur nourriture spirituelle. Une commission spéciale s'occupe des invalides.

Le professeur Maxa est investi des fonctions importantes de Commissaire militaire auprès des troupes tchécoslovaques ; le Commandant Vergé, de l'armée française, est attaché au Corps d'Armée.

L'état moral de l'armée est bon, surtout compte tenu des circonstances pénibles, passées et présentes. Nos soldats étaient tous russophiles, mais la décadence de la Russie les a rendus méfiants....

III. — L'armée et l'ancien régime

Malgré les promesses des plus hautes personnalités et même de l'Empereur, le Gouvernement de Stürmer était défavorable au mouvement tchécoslovaque, parce qu'il était démocratique et révolutionnaire...

Le Gouvernement russe avait résolu de ne pas permettre la formation d'une forte unité, dont l'existence paraissait dangereuse au Gouvernement impérial... C'est seulement à l'automne passé que j'ai pu obtenir la formation du corps d'armée, et encore après de nombreuses et graves interventions.

Pour ces deux faits, je possède des documents authentiques.

IV. — L'ARMÉE ET LE GOUVERNEMENT PROVISOIRE

... Kerenski et le Commandant du rayon militaire de Kiew ont commis la faute d'identifier notre mouvement avec le chauvinisme des Lettons, Ukrainiens (1), etc... ; nous avons dû expliquer à Kerenski que l'armée tchécoslovaque est une armée révolutionnaire ; nous ne sommes pas sujets russes, mais pour la plupart des prisonniers de guerre qui ont entamé la Révolution contre l'Autriche de l'unique façon qui était possible dans les circonstances où l'on se trouvait placé... Les événements, ainsi que le désordre de l'administration militaire, n'ont pas permis que le corps d'armée soit pourvu du nécessaire ; et cela se fait sentir surtout maintenant, alors que les Allemands et les Ukrainiens ont pris l'offensive ; notre armée sans artillerie, sans cavalerie et surtout *sans munitions* ne peut pas prendre part à des opérations régulières.

(1) Lettons et Ukrainiens, etc..... étaient des sujets russes.

V. — L'Armée et la neutralité

Dans les actuelles disputes et luttes intérieures, le Conseil National a prescrit pour notre armée la plus sévère neutralité. Nous ne pouvions pas approuver le point de vue de nos frères russes, car un parti politique ne démontre pas en prenant les armes qu'il est dans le vrai. Plusieurs Russes distingués auraient voulu nous engager dans la lutte politique une première fois, au moment de l'offensive de Kornilow ; nous avons refusé toutes les propositions qui nous furent faites à cette occasion et gardé la neutralité. Nous avons agi de la même manière dans le conflit qui a éclaté entre les Ukrainiens et les Bolcheviks.

C'est seulement dans le cas où l'un des partis russes s'allierait ouvertement avec l'ennemi que notre armée ne pourrait garder la neutralité.

VI. — L'Armée et le Gouvernement ukrainien

Après l'offensive du mois de juin, notre armée qui couvrait la retraite russe a éprouvé de grandes pertes et a été dirigée aux environs de *Polonnoïé* et de *Kiew* ; elle se trouva ainsi en territoire ukrainien. L'Ukraine ayant proclamé la République fédérale le Conseil National et le Gouvernement Ukrainien ont signé le 15 Janvier 1918 un contrat dont les clauses essentielles étaient les suivantes :

« Le Conseil National reconnaissait la République

« d'Ukraine, proclamée par le 3me Universal ; elle « s'engageait à envoyer l'armée au front dans le cas « où l'Ukraine continuerait la guerre contre les « Empires Centraux et à lui faire assurer le service « de garnison.

« Le Gouvernement ukrainien reconnaissait le « Conseil National, admettait le principe de la neu- « tralité des Tchécoslovaques dans les luttes politi- « ques et promettait à ces derniers la libre sortie du « territoire de l'Ukraine, dans le cas où l'Ukraine « cesserait la lutte contre les Empires Centraux ; « il reconnaissait également nos engagements envers « la France et prenait à sa charge les obligations « consenties par le Gouvernement russe précédent, « en ce qui concerne l'entretien de nos troupes ».

Le 25 Janvier 1918, était publié le 4me Universal par lequel l'Ukraine se proclamait absolument indépendante et annonçait son intention de ne plus faire la guerre et de signer la paix avec l'Autriche ; je me rendis immédiatement chez Choulguine, Ministre des Affaires étrangères, pour rompre le contrat et demander pour nos troupes la libre sortie du territoire de l'Ukraine ; je déclarais ne pas approuver l'indépendance absolue de l'Ukraine, indépendance qui serait de pure forme ; l'Ukraine tomberait alors sous la domination politique et économique de l'Allemagne et de l'Autriche. L'Ukraine, la Pologne, les Tchécoslovaques, les Roumains, les Serbes et toutes les petites nationalités qui se trouvent entre l'Allemagne et la Russie ont besoin d'une Russie forte et, par conséquent, unifiée. Choulguine promit la libre sortie.

VII. — L'offensive du Gouvernement de Petrograd contre l'Ukraine

Bientôt eut lieu l'offensive des troupes bolcheviques du Gouvernement de Petrograd contre l'Ukraine, offensive qui eut pour résultat la victoire de l'armée du Soviet et la capitulation de Kiew (8 Février 1918). Nos troupes ont proclamé aussi à l'égard de l'armée du Soviet le principe de la neutralité : ce qui a fait l'objet d'un accord verbal entre le Commandant en chef Mouraviev et le Président du Conseil National Tchécoslovaque, en présence des représentants des missions étrangères : Général Tabouis, pour la France, Commandant Fitz William pour l'Angleterre, Colonel Lonkivitch et Consul Dimitrievitch pour la Serbie. Mouraviev promettait par une note du 16 Février que le Gouvernement du Soviet ne s'opposera pas à notre départ pour la France et facilitera les transactions financières à prévoir en vue de la prise en charge par les Alliés des frais d'entretien de notre corps d'armée. Le Gouvernement de Petrograd étant aussi en pourparlers avec l'Autriche-Hongrie et l'Allemagne au sujet de la paix, nous avons considéré le séjour de nos troupes en Russie comme superflu désormais et nous avons décidé, conformément aux contrats existant, de nous diriger sur le front français et de prendre part aux combats du front occidental.

Nous avons observé une rigoureuse neutralité. L'action du Gouvernement de Petrograd nous a été sympathique à certains égards. Nous avons gêné les négociations de paix engagées par les Empires Centraux, et fait valoir notre point de vue sur la nécessité de réunir l'Ukraine et la Russie et notre point de vue sur la grave portée de l'impérialisme allemand et autrichien.

VIII. — La Roumanie et le Don

La Roumanie, le Général Tcherbatcheff et les Alliés auraient désiré l'envoi de notre corps d'armée sur le front roumain. La proposition était séduisante ; je suis parti pour *Jassy*, pour étudier la situation, et je me rendis compte que, la Russie et l'Ukraine une fois hors des hostilités, la Roumanie ne serait plus à même de se battre ; c'est pourquoi je n'ai pas envoyé le corps d'armée en Roumanie.

L'Ukraine ayant contrarié notre recrutement, il a été question de transporter nos volontaires sur le Don ; mais la lutte politique, qui commençait à être très vive sur le Don, nous aurait empêchés de mettre ce projet à exécution, si le désordre régnant sur les voies ferrées n'avait pas suffi à faire écarter ledit projet ; il est bien entendu que nous aurions observé aussi sur le Don une rigoureuse neutralité.

IX. — Le départ de l'armée pour la France et son importance politique

Nous sommes d'accord avec la France et les Alliés depuis déjà longtemps, et un contrat en fait foi, sur l'opportunité de diriger l'armée sur le front occidental et, en fait, une partie de nos volontaires de Russie a été déjà envoyée sur ce front (1). Les événements se sont déroulés en Russie de telle manière que nous avons de plus en plus été attirés vers la France. La réalisation de notre désir est assurément difficile, mais, d'autre part, il serait dommage de laisser inactives d'aussi bonnes troupes et la signification politique de cet acte serait considérable. Notre armée ne renforcerait pas seulement l'armée des Alliés, mais encore elle poserait le sceau sur la défaite de l'Autriche-Hongrie. La révolte de l'armée tchèque est la preuve la meilleure du fait que l'Autriche, responsable de cette guerre, est condamnée par la nation la plus grande et la plus cultivée de l'Empire. Le démembrement de l'Autriche-Hongrie est le but concret de la guerre. L'Allemagne perdra un Allié dont le territoire est peuplé de 51 millions d'habitants et

(1) Il s'agit des 1.300 volontaires embarqués à Arkhangelsk.

le pont qui la met en communication avec les Balkans et l'Asie. La Bohême est pour le *drang nach osten* l'obstacle principal. Le mot de Bismarck est bien connu, que : « celui qui possède la Bohême possède aussi l'Europe ». Une Bohême indépendante constituera l'appui le plus solide pour les Alliés. Et c'est pourquoi nous voulons encore une fois nous efforcer d'agir aux côtés de la France. Je dois reconnaître avec un vif sentiment de gratitude que la France, en sa générosité, a compris l'importance de notre action. Le Général Berthelot, dès le 10 Janvier, et le Général Tabouis m'ont annoncé que le Gouvernement français a donné l'autorisation de mettre l'entretien du corps d'armée au compte des Alliés. En même temps, je recevais de la section française du Conseil National Tchécoslovaque la nouvelle que la France est disposée à proclamer notre armée de Russie comme faisant partie de l'armée autonome tchécoslovaque, placée sous les ordres du commandement français. Le 18 Février, le Général Tabouis m'a annoncé la décision, prise après mûre réflexion, que le corps d'armée devait être immédiatement transporté en France ; le 21 Février, m'était communiquée la même décision prise par le Général Niessel, ajoutant que le Consulat français de Moscou s'occuperait de la question finances et, en fait, le Général Rampont et le Consul de France menèrent à bien les démarches nécessaires.

X. — Notre armée pourrait-elle encore combattre en Russie ?

On pourrait voir de nouveau ce qu'on a vu en 1916 : à cette époque, l'armée russe était sans munitions, sans fusils, sans artillerie lourde, et pourtant elle a réussi à se réorganiser. Par analogie, la formation d'une armée de volontaires serait possible aujourd'hui ; elle devrait, bien entendu, être organisée compte tenu des expériences de la guerre et par des spécialistes militaires. Il est remarquable que le Gouvernement de Petrograd rappelle déjà les généraux, les officiers d'état-major et les officiers de l'armée active, et le camarade Lenine a dit récemment que la Russie pourrait de nouveau faire la guerre, si l'organisation des unités nécessaires était aussi forte que sa résolution de se battre. La guerre de partisans a dans cette guerre une importance secondaire ; les chefs du parti socialiste, Engels et Jaurès, ont justement démontré que la guerre moderne est avant tout l'affaire de la technique et de l'industrie. Des troupes comme la Garde Rouge ne peuvent pas se mesurer avec une armée pratiquant la tactique de tranchée, pourvue d'artillerie lourde et des moyens de lutte modernes (tels que les gaz asphyxiants). Mais je tiens à souligner le côté moral : ce qui caractérise l'armée organisée, c'est la réunion de soldats vivant ensemble depuis longtemps, donc se connaissant, c'est l'armée des camarades et des frères, où le soldat se bat non seulement pour lui-même, mais encore pour ses frères, l'un protégeant l'autre ; rassemblez en hâte telle quantité que vous voudrez d'individus très enthousiastes pour une cause déterminée, mais étrangers les uns aux autres, vous n'aurez qu'un troupeau et l'offensive énergique d'un ennemi bien armé et bien organisé en aura immédiatement raison. Pour me résumer, une armée russe nouvelle ne pourrait se rendre sur le front que dans quelques mois.

On ne sait pas encore exactement comment la paix a pu être conclue. En tous cas, la Russie sera obligée d'organiser une nouvelle armée et il est possible qu'après un certain temps elle se retourne contre l'ennemi qui l'a obligée à signer une paix aussi honteuse et aussi coûteuse. Je m'explique parfaitement le sentiment qui règne à Moscou à cet égard, et d'ailleurs dans la Russie entière, même à l'intérieur des Soviets ; sentiment traduit, en somme, par la proclamation des délégués des Soviets, à Brest-Litowski, déclarant que la paix est certes conclue, mais qu'elle n'a pas été discutée.

Le corps d'armée tchécoslovaque est actuellement l'unique force militaire organisée existant en Russie. D'accord avec le Gouvernement de Petrograd, les Alliés consentiraient peut-être à ce que notre armée (ou plutôt le 2e corps d'armée tchécoslovaque en voie de formation) se batte sur un front russe reconstitué. Mais tout cela n'aura pas lieu sans qu'un contrat, clair et précis, fixe les conditions et garanties nécessaires.

XI. — Le Soviet de Kiew tente de former une Garde Rouge Tchèque

Quoique Mouraviev, Commandant en chef des troupes bolcheviques, ait admis le principe de notre neutralité armée, le Conseil des ouvriers et soldats de Kiew a prescrit par Décret du 16 Février la formation d'une Garde Rouge, recrutée non seulement parmi les prisonniers de guerre, mais encore directement dans notre armée. Je ne tiens pas un tel acte pour loyal ; d'autre part, désireux d'éviter en face de l'ennemi tout conflit inutile, j'autorisai les soldats qui professaient le bolchevisme, à quitter notre armée, et, ainsi que je m'y attendais, le Conseil des ouvriers et soldats de Kiew n'a pas gagné beaucoup d'adeptes parmi nos socialistes qui ne veulent pas entendre parler du démembrement du corps d'armée tchécoslovaque. Ceux-là même qui étaient entrés dans la Garde Rouge et l'armée bolchevique demandèrent à être réintégrés dans nos unités tchécoslovaques, dès qu'ils se rendirent compte de la gravité et de la réalité du danger germanique et du danger ukrainien.

XII. — Un second corps d'armée tchécoslovaque possible et nécessaire ; les prisonniers de guerre ne doivent pas retourner en Autriche.

Notre corps d'armée possède actuellement un effectif de plus de 40.000 hommes et cet effectif pourrait être bien plus élevé. Combien y a-t-il en Russie de prisonniers de guerre tchécoslovaques ? Nous ne le savons pas, il n'existe pas de statistique officielle, 100 à 150.000, probablement.

Les Alliés ont naturellement intérêt à ce qu'il retourne en Autriche le moins de prisonniers de guerre possible.

On pourrait former aisément un second et même un troisième corps d'armée ; nous continuerons à mobiliser et organiser ; il faut préparer et éduquer les volontaires avant leur entrée dans nos rangs ; ce travail de préparation et d'éducation, nous l'avons entrepris dès la première heure et nous constatons que les autres nations de l'Autriche-Hongrie n'ont pas encore abouti. L'Autriche-Hongrie ayant en Russie une masse d'espions, grâce à notre organisation des prisonniers de guerre, nous savons qui nous acceptons dans notre armée.

XIII. — La Russie, la paix une fois signée, pourrait s'opposer a l'organisation de notre corps d'armée.

Si la Russie, quoique démocratique, ne permettait

pas la formation de l'armée, on enverrait en France les prisonniers de guerre ; du reste, quelques provinces de la Russie fédérative autoriseraient probablement la dite formation.

XIV. — La Russie ne peut livrer les déserteurs. L'Autriche pourrait réclamer nos prisonniers

Mais ils ne veulent pas retourner en Autriche et par conséquent deviennent déserteurs. Un Etat démocratique et plus ou moins favorable aux Alliés ne doit pas livrer les déserteurs. Seuls, les Etats réactionnaires et militaristes, comme l'Allemagne et l'Autriche, pratiquent cette manière de faire.

Résumé

1° Ce qui importe actuellement, c'est de retirer l'armée du front.

La première Division se trouvait à *Jitomir, Berditchev, Kazatine* ; la deuxième à *Borispol, Piriatine* ; elles se retireront vers *Koursk ;* direction : la Sibérie.

Le Général Tabouis a placé à la tête de l'expédition le Général Lafont (1).

En tout cas, il faut absolument s'éloigner de l'Ukraine.

L'Ukraine marche évidemment avec l'Autriche et l'Allemagne.

(1) En fait, le Général Lafont ne prit jamais le commandement dont parle ici le Président Masaryk.

2° Entrer en pourparlers avec le Gouvernement russe à Petrograd et à Moscou, afin qu'il ne contrarie pas notre action et nous aide, financièrement parlant. Mouraviev me l'a promis.

3° Le problème principal, c'est l'organisation de nos prisonniers de guerre, pour qu'ils n'aillent pas en Autriche, où ils entreraient dans l'armée qui se bat contre les Alliés. En même temps, recruter pour le second corps, d'après le plan étudié, qui devra être adapté aux circonstances, à tout instant.

4° Le but de l'armée, c'est d'atteindre le front. Le front le plus sûr est en France.

Si le front russe est à nouveau constitué, on pourra y employer le second corps, en tout ou en partie.

5° On formera des coopératives et l'armée devra produire ce qui lui est nécessaire ; il faudra beaucoup de spécialistes.

6° Pour l'action financière, utiliser également le système des coopératives. La France nommera dans l'armée son contrôleur de finances ; pour le moment, peut-être le Commandant Vergé.

Agir correctement et avec méthode.

A) Pour les questions d'ordre politique, sont accrédités :

Messieurs Cermak
Kleçanda
Gloss.

B) Pour les questions d'ordre militaire, est responsable, de notre côté, le Commissaire militaire Prokop Maxa. Le Commandant Vergé est avec lui en relations permanentes.

C) Pour les transactions financières est accrédité :

Monsieur Sip ;

pour les encaissements de l'argent nécessaire aux besoins du corps d'armée :

Messieurs Cermak, Kleçanda, Sip et aussi Maxa et le Commandant Vergé ou autres personnes qui seraient nommées par la Mission Française et la Section Russe du Conseil National.

Signé : MASARYK.

Légalisé par le Secrétaire général : Kleçanda ».

Désormais, c'est surtout l'action diplomatique qui permettra à Masaryk de tirer d'embarras son Corps d'armée ; il se rend, à travers la Sibérie, vers Washington, où il restera plusieurs mois ; chacun sait ce que veut Masaryk et le veut avec lui : il faut, coûte que coûte, arriver sur le front occidental et y gagner l'indépendance de la Nation tchécoslovaque. N'est-ce pas, pourtant, vouloir l'impossible ? La question des distances à elle seule ne pose-t-elle pas un problème à peu près insoluble ?

Et, circonstance particulièrement grave, les bolcheviks tiennent maintenant en leur pouvoir la Russie et la Sibérie ; le désordre est donc partout ; un état de choses nouveau s'installe, et quel état de choses ! Comment, dans ces conditions, penser à acheminer à travers les steppes de Sibérie les milliers de Tchécoslovaques désireux de s'éloigner de la Russie, source pour eux de tant de déceptions ?

Or, cette pensée prendra corps, malgré tout. Au surplus, n'est-ce pas l'ordre donné tant par le Général Niessel que par Masaryk ? L'été insupportable, le glacial hiver, les maladies certaines, la famine possible, les incidents probables, rien n'arrêtera les volontaires.

Vers Vladivostock

Une faute initiale pèsera lourdement sur l'exécution de cette expédition de Sibérie, dont les Tchécoslovaques sont si fiers, à juste titre, par la somme d'endurance, d'énergie, de courage et d'héroïsme qu'elle a engendrée. Au lieu de « se réunir » d'abord et d' « organiser » le convoi, on partit au petit bonheur, avec l'idée d'aller vite avant tout et en laissant au second plan le souci de l'ordre et la préoccupation de la sûreté.

Je prends la liberté de citer ce que j'écrivis à ce sujet, en 1919, au Général Janin :

. . . .

« Le Corps d'armée tchécoslovaque pouvait-il « arriver en France ? A partir du port de Vladi- « vostok, cela est une question de bateaux, sur « laquelle je n'ai pas de données. Mais nous pou-

« vions tous arriver à Vladivostok, si des fautes « nombreuses n'avaient pas été commises.

« La principale, à mon avis, *et de beaucoup*, con- « siste dans le fait qu'on n'a pas organisé l'expé- « dition. Des bataillons ont été placés dans des « trains, au gré des disponibilités en wagons et « locomotives, et l'on s'est mis en route ; arrive que « pourra. Dès qu'une difficulté d'ordre technique « ou politique se produisait, le Conseil National « tchécoslovaque se mettait en branle pour la « résoudre; jamais on ne s'est préoccupé de mar- « cher « militairement », en assurant la protection « du gros par un échelonnement approprié : *a*) des « ressources, en armement et munitions ; *b*) d'uni- « tés capables de se protéger mutuellement.

« Lorsque fut rompu le contact avec les troupes « austro-allemandes qui envahirent l'Ukraine « (Février-Mars 1918), il fallait rassembler le corps « d'armée dans une région possédant des ressources « en vivres et en munitions ; c'était possible; le « Corps d'armée une fois rassemblé et remis en « main, il s'agissait de le transporter par voie fer- « rée sous forme de « bloc articulé » à travers la « Sibérie, jusqu'à Vladivostok ; le mouvement « de l'échelon de tête devait sans cesse être réglé par « le commandant du Corps d'armée, ayant pour « préoccupation constante de « marcher en garde ». « On pouvait alors conserver ses armes, car l'on

« serait à deux de jeu avec les Bolcheviks ou tout « autre adversaire, tel que des organisations de « prisonniers de guerre.

« Dès l'instant que l'on partait au petit bonheur, « on s'exposait à devenir la proie des agents de « l'Allemagne ; il était, en effet, difficile d'élever « la voix au cours des négociations avec les « soviets, contre lesquels on restait désarmé, non « pas précisément du fait du manque d'armes, mais « parce qu'on s'était mis dans l'impossibilité de les « utiliser ; les soviets, laissés libres de gêner les « communications télégraphiques, de détruire tel « ou tel ouvrage d'art, avaient la partie belle pour « empêcher toute opération, même de petite enver-« gure. Aussi, dès la fin Mars, fallut-il passer, à « Penza, par les fourches caudines des soviets, con-« sentir à rendre une grande partie des armes. Les « membres de la Section russe du Conseil National « tchécoslovaque, sans être des stratèges, voyaient « d'instinct qu'on s'était mis dans l'impossibilité « de se battre.

« Plus tard, lorsqu'on fut dans l'obligation de « briser par la force l'opposition au déplacement « vers l'Est, on ne put venir à bout du problème « qu'avec l'appui des Russes ; encore n'a-t-on pas « réussi partout (Mai et Juin) ; plus tard, encore, « le groupe tchécoslovaque du Baïkal était exposé « à périr non loin des bords du lac, si l'interven-

« tion dans la région de l'Oussouri des forces alliées « (Français, Japonais, Anglais, Américains), n'avait « attiré de ce côté une grande partie des forces bol- « cheviques de la région de *Tchita* et surtout n'avait, « par le seul fait qu'elle s'était produite, contribué à « démoraliser profondément les Bolcheviks.

« Me trouvant à ce moment dans la région de « l'Oussouri parmi les bolcheviks, j'ai été témoin du « désarroi qui s'est produit chez eux dès qu'ils ont « eu la certitude d'une action interalliée à laquelle « ils s'étaient habitués à ne pas croire.

« Encore les Bolcheviks ont-ils été bien naïfs « (croire à leur magnanimité serait leur faire trop « d'honneur), en pratiquant de Mai à Septembre, sur « une si modeste échelle, la destruction des rails « et des ouvrages d'art.

« Puisqu'on n'avait pas été capable d'organiser le « voyage, il était tout indiqué d'éviter les causes de « conflit et de ne pas rechercher les occasions « d'exciter un adversaire éventuel à qui on avait, « militairement parlant, laissé tous les atouts ; il « n'en a rien été.

« Dans les gares, on fait jouer des airs guerriers « aux musiques des régiments ; dans les localités, les « volontaires cherchent querelle aux Magyars, au « point que le sang coule ; partout on se livre à des « manifestations diverses, dont le but très louable « est d'entretenir la cohésion et la discipline dans les

« petites unités, mais qui gagneraient à être plus « discrètes. Pour les exercices, on affectionne le voi- « sinage des camps de prisonniers. Loin de ne pas « faire remarquer qu'on s'entraîne en vue de bien « figurer sur le front français, on recherche toutes « les occasions de se montrer. Ainsi, l'agent alle- « mand, aux aguets, fait coup double ; il aperçoit les « points faibles et, agacé, envoie des rapports plus « violents et plus pressants.

. . . .

Peut-être faut-il voir la source des erreurs commises dans le fait que le commandant du corps d'armée et son chef d'état-major étaient deux généraux russes, plus préoccupés de prendre du large devant les commissaires rouges que d'assurer au mieux la mission si belle qui leur avait été confiée.

En attendant, les Allemands occupaient l'Ukraine, et les Bolcheviks avaient l'air de vouloir reconstituer un front contre les Empires centraux ; m'étant rendu à Moscou (1) pour y chercher les millions de roubles nécessaires au corps d'armée, dont les caisses étaient à peu près vides, je fus interrogé par le capitaine Sadoul au sujet de l'accueil que recevrait de la part du Conseil National la proposition de créer un 2e Corps d'armée tchécoslovaque et de l'incorporer à l'armée rouge. « En ce qui concerne le 1er Corps, ajoutait Sadoul, Lénine et Trotsky reconnaissent que

(1) Voir au bas de la page 81.

la France est moralement engagée à l'appeler sur le front occidental ».

La Section Russe du Conseil National, alors à Moscou, répondit à cette démarche par une fin de non recevoir. Apparemment, Lénine et Trotsky n'offraient pas à la Section Russe du Conseil National Tchécoslovaque les conditions et garanties visées par Masaryk dans son mémorandum du 3 Mars.

DEUXIÈME PARTIE

EN SIBÉRIE

La Dislocation

Tant bien que mal, on arriva dans la région de Penza ; là, il fallut parlementer à n'en plus finir, et se posa la question de la livraison des armes. Les armes que détenaient les volontaires tchécoslovaques étaient, remarquons-le, la propriété des Russes. On était très divisé sur cette question si délicate. Traverser la Sibérie sans armes paraissait dangereux à ceux qui craignaient de tomber entre les mains des prisonniers de guerre allemands, autrichiens et hongrois internés dans les camps de Sibérie ; on savait, en effet, que ces prisonniers seraient peut-être organisés par les Bolcheviks. D'autres, faisant confiance à ces derniers, étaient d'avis de livrer la plus grande partie des armes. Bref, on s'en tint à un compromis et, en fait, beaucoup d'officiers tchécoslovaques ne livrèrent pas la quantité d'armes et de munitions convenue ; sans doute s'en trouvèrent-ils bien, plus tard !

Les esprits réfléchis comprirent, à ce moment, combien on avait été imprudent en « n'organisant pas » l'expédition ; pour atténuer les conséquences de ce fait, il aurait été avantageux de faire désormais voyager *isolément une partie* des volontaires : grâce à la connaissance de la Sibérie que possédaient certains d'entre eux, et aux relations qu'on y avait nouées, des relais auraient été prévus ; le chaos régnant aurait été un facteur de succès et aurait permis d'éluder les promesses faites officiellement, en ce qui concerne la livraison des armes, à des gens aussi peu scrupuleux que les commissaires bolcheviks. Ainsi, on serait venu plus vite et plus facilement à bout de l'opposition des soviets locaux, puisque le nombre des trains organisés en convoi aurait été moindre, et il s'agissait surtout de gagner du temps.

L'écheveau se déroula donc lentement, péniblement, irrégulièrement ; dans certaines gares, il faut attendre des heures entières, parfois plusieurs journées, avant de pouvoir se diriger sur la gare suivante ; la patience de tous est mise à une rude épreuve ; circonstance fâcheuse, les volontaires croisent sur les quais ou dans les localités des prisonniers de guerre allemands, autrichiens ou hongrois et les incidents, parfois sanglants, se multiplient.

Les complications de la question tchécoslovaque, si grandes jusqu'alors, vont maintenant atteindre leur maximum. Les événements qui se produiront et les décisions qui seront prises ne présentent à l'esprit curieux de les connaître que de l'incohérent et de l'inattendu ; y voir clair est d'autant plus difficile que, pour remonter des effets à leurs causes, il est indispensable de se présenter la situation d'ensemble sur des *milliers de verstes.*

Quelle est cette situation à la date du 1er Mai 1918 ?

Le Corps d'armée tchécoslovaque est échelonné de *Vladivostock* (où la tête est arrivée le 25 Avril 1918) à la *Volga,* que n'a même pas encore atteint le dernier élément ; le Général *Chokorov,* commandant le Corps d'armée, est à *Omsk ;* le Général Diterichs, chef d'état-major du Corps d'armée, vient d'arriver à *Vladivostock,* avec le Dr Girsa, de la Section Russe du Conseil National, et le Colonel français Paris, primitivement détaché auprès du quartier général du groupe d'armées russes du front Sud-Ouest ; le professeur Masaryk, Président du Conseil National Tchécoslovaque, qui a suivi la voie transsibérienne, est parti pour l'Amérique ; la Section Russe du Conseil National Tchécoslovaque est à *Omsk.*

Les passions politiques sont à l'état aigu, car, pour beaucoup de volontaires, la Section Russe du Conseil National n'est pas la représentation exacte de la volonté nationale ; on est pressé de faire les élections qui auront lieu à Omsk ou à Tcheliabinsk ; les officiers sont mécontents, en particulier, parce qu'aucun d'entre eux ne figure au Conseil ; ainsi que leurs soldats, ils sont énervés par la lenteur du voyage.

Les réserves de vivres s'épuisent : on a quitté Kiew, où ont été prises ces réserves, en Février.

Sur la partie Ouest du Transsibérien, règne un désordre inimaginable : des prisonniers de guerre allemands et autrichiens, de nombreuses troupes de réfugiés d'Allemagne et d'Autriche, se dirigent vers l'Occident ; de la Russie arrivent les familles terrorisées par les méfaits des bolcheviks et des sans travail de Petrograd et de Moscou, etc... ; à l'Est, la circulation est rendue difficile, du fait des opérations du contre révolutionnaire Semionov (1), sur le

(1) Le contre-révolutionnaire Semionov a joué en Sibérie orientale un rôle des plus curieux et des plus compliqués au cours des années 1918, 1919, 1920, c'est-à-dire précisément durant le séjour en Sibérie du corps d'armée tchécoslovaque et il a, en tous cas, le droit de revendiquer le titre de « premier » dans la lutte contre les bolcheviks de Sibérie.

Dès le début de 1918, payant d'audace, Semionov, à la tête de quelques officiers russes, soumet à son autorité ceux des soldats russes, débandés et démoralisés par la propagande rouge, qui erraient dans les régions de Tchita et de Mandchouria. Plein d'ardeur, il veut rallier autour de lui les éléments russes de Harbin et de Vladivostock ; mais là, il se heurte à une veulerie sans nom.

Semionov ne se rebute pas, il arrive à constituer une troupe de soldats russes, de volontaires japonais et de bouriates et entre résolument en campagne.

Dans son action contre les bolcheviks, il se comportera plutôt en aventurier qu'en chef solide et sûr. Bref, il sera amené par la conception qu'il se fera de son rôle politique, tantôt à favoriser, tantôt à gêner les Tchécoslovaques.

Transsibérien proprement dit (Tchita, Harbin, Vladivostock), et du mauvais état de la voie ferrée de l'Amour (Tchita, Habarovsk, Nikolsk-Oussourisk).

Les soviets sont très inquiets ; ils se demandent ce que fera le Japon, comment liquider l'affaire Semionov, et si les Tchécoslovaques iront effectivement en France ?

Le désaccord est parmi ces soviets : Omsk, Krasnoiarsk, Irkoutsk, Habarovsk, envisagent, chacun à sa manière, le problème posé par la présence des Tchécoslovaques sur le long ruban transsibérien.

A Irkoutsk, dans l'état-major de l'armée rouge, le général russe von Taube, d'origine allemande, travaille activement pour la cause des Hohenzollern ; il s'efforce, sans y réussir, de cacher son jeu.

Parmi les prisonniers de guerre, une minorité turbulente excite les autres contre les Tchécoslovaques, mais la grande majorité reste froide et indifférente, plus préoccupée d'apprendre la fin espérée prochaine de la guerre que de prendre part à des opérations militaires éventuelles le long de la voie ferrée. Quelques officiers tentent d'organiser les prisonniers ; beaucoup d'entre eux travaillent sur place, en vue de l'après-guerre.

Je reprends maintenant l'exposé des événements.

Alors que le Corps d'armée entier est aiguillé sur Vladivostock, Tchitcherine, commissaire aux Affaires étrangères du Narkom de Moscou, fait

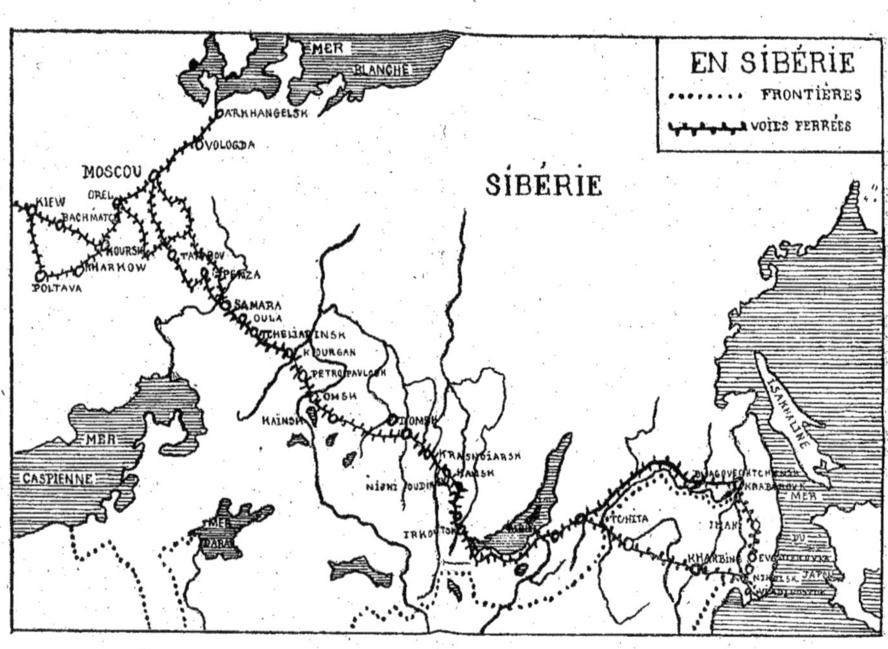

EN SIBÉRIE
FRONTIÈRES
VOIES FERRÉES
SIBÉRIE
MER
BLANCHE
ARKHANGELSK
VOLOGDA
MOSCOU
OREL
KIEW
KOURSK
KHARKOW
POLTAVA
PENZA
SAMARA
KOURGAN
OMSK
KAÏNSK
TOMSK
NISHI OUDINSK
TCHITA
KHARBINE
SAKHALINE
MER
CASPIENNE
MER
DU

savoir qu'il devra faire demi-tour pour être dirigé sur Arkhangelsk.

La mesure prescrite par Tchitchérine allait singulièrement compliquer les choses, même si l'exécution n'en était que partielle. Pour qui vivait au milieu des Tchèques, il était hors de doute que les volontaires accepteraient à contre-cœur toute modification d'itinéraire les rapprochant de la Russie où ils avaient tant souffert. Le 3 Mai, j'écrivais mes appréhensions à ce sujet au Général Lavergne, notre attaché militaire à Moscou, et j'émettais l'opinion qu'il fallait, *malgré tout,* envisager l'embarquement par Vladivostok du Corps d'armée *entier.* J'estimais que la France et ses alliés devaient aider *effectivement* les malheureux Tchécoslovaques dans leur si difficultueuse expédition ; sans doute, la France fournissait de l'argent, mais il fallait compter avec le désordre russe ainsi qu'avec les intrigues allemandes et mettre les soviets en demeure de ne pas gêner le voyage, au prix même d'une intervention armée. Livrés à leurs propres forces, les Tchécoslovaques n'arriveraient jamais à se frayer le passage vers Vladivostok, *contre le gré des Bolcheviks,* disposant d'une supériorité de moyens *actifs et passifs* trop flagrante.

Sans nouvelles sur la situation générale, je supposais, à tort ou à raison, que la décision de Tchitcherine avait été provoquée par la crainte de voir les

Tchécoslovaques aller au devant des Japonais, mais ce qui est certain, c'est que le Gouvernement russe d'une part, et le Gouvernement anglais d'autre part, expriment à leur tour à cette époque le désir qu'on dirige une partie des troupes tchécoslovaques dans la région de Mourmansk, pour y coopérer à la défense de la voie ferrée et du port ; j'étais informé de ce désir par une lettre du général Lavergne datée du 23 Avril. Ces propositions furent soumises par le général Lavergne à M. Tchermak, suppléant de Masaryk, à Moscou ; il était prévu que l'unité désignée (brigade, par exemple) serait ultérieurement embarquée pour la France, à Mourmansk ou à Arkhangelsk.

Ainsi s'évanouissait l'espoir que j'avais eu de voir les Bolcheviks mis en demeure de faciliter le voyage du Corps entier sur Vladivostok, puisque le représentant de mon Gouvernement lui-même proposait au Conseil National Tchécoslovaque l'envoi d'une partie des troupes vers Mourmansk.

Je me suis, dès lors, efforcé, bien entendu, de convaincre Conseil et volontaires de la nécessité d'aller vers Mourmansk, mais j'avais le sentiment bien net que nous laissions tomber la goutte qui allait faire déborder la coupe.

De fait, le 18 Mai, Pavlou, du Conseil National, écrit :

« Le transport viâ Arkhangelsk se fait sur le désir
« des Français; les autorités bolcheviques spéculent
« à ce sujet, sur le mécontentement de nos gens et nos
« Tchèques de la Garde Rouge y fondent de grands
« espoirs. Parmi les officiers et les soldats, une forte
« opposition contre Arkhangelsk. »

A cette même date du 18 Mai, 10.000 volontaires sont déjà arrivés à Vladivostok ; par les courriers venus de cette dernière ville, les Tchécoslovaques de l'Ouest apprennent le chaleureux accueil fait aux camarades arrivés au port et que ceux-ci espèrent s'embarquer prochainement pour la France ; le mécontentement de l'Ouest s'accentue à l'idée de ne pas s'éloigner des régions troublées par l'anarchie ; certes, on veut se battre, mais à côté de gens disciplinés et sur un autre sol que le sol russe.

Quoi qu'il en soit, dans le mouvement se produit un temps d'arrêt provoqué à la fois par les inondations du printemps, sur la ligne de l'Amour, en très mauvais état et d'un rendement dérisoire, et par les opérations des gardes rouges contre Semionov ; il ne faut pas perdre de vue que ces opérations se déroulent le long du Transsibérien, proprement dit ; à l'Est de l'embranchement sur Habarovsk, les échelons ne peuvent pas passer par Harbin.

Il s'agit donc d'utiliser au maximum et dès que possible la ligne ferrée Tchita-Habarovsk et la voie fluviale de l'Amour et, pour y arriver, de convaincre les Bolcheviks du départ effectif des Tchécoslovaques pour la France. Les négociations deviendraient bien plus faciles, si l'on pouvait affirmer que le voyage par mer a commencé. Malheureusement, il n'y a rien de fixé encore pour l'embarquement du premier convoi ; les pourparlers sont seulement en cours.

La Brisure d'Irkousk

Le 20 Mai, malgré tout, et après force démarches, je pouvais télégraphier la reprise probable du mouvement. De fait, à partir du 20 Mai, défilent en gare d'Irkoutsk, où je me trouve à cette date, une dizaine d'échelons.

Le voyage par Arkhangelsk tenait toujours, et le 18 Mai, M. Noulens, ambassadeur de France à Vologda, télégraphiait d'organiser ce départ le plus tôt possible; nous étions avisés en même temps que le Commandant français Guinet partait pour Perm. Les délégués des régiments, eux, arrivaient au *Congrès de Tcheliabinsk.*

A Tcheliabinsk, les choses se précipitent :

a) Le 20 Mai, on est avisé par dépêche de l'arrestation, à Petrograd, des membres et collaborateurs du Conseil National présents dans cette ville et, à Moscou, de Maxa, Markovitch et Janik ; ces derniers, membres du Conseil National, faisaient partie de l'expédition et s'étaient rendus à Moscou en vue de démarches concernant le voyage ; Maxa exerçait, en plus, les importantes attributions de Commissaire auprès de l'état-major du Corps d'armée ;

b) Le 21, on intercepte une dépêche secrète (signée Trotski), prescrivant la remise des armes par les volontaires et l'envoi de ceux-ci dans les camps de prisonniers ;

c) Le 22, mouvements de troupes bolcheviques, transports d'armes et de munitions à Tcheliabinsk et aux environs ;

d) Le 23, des courriers venus de Moscou confirment l'arrestation de Maxa.

Pour les Tchécoslovaques de Tcheliabinsk, la situation était bien nette : les autorités bolcheviques se mettaient en état de guerre avec eux. Les délégués prenaient alors la décision de se défendre et de forcer le passage vers Vladivostok pour le Corps d'armée entier. A cet effet, on enlevait provisoirement au Conseil National son pouvoir ; on élisait un « Collegium militaire », composé de neuf membres : quatre de l'ancien Conseil, cinq officiers et soldats, et on confiait le commandement du groupe à l'Est d'Omsk au Capitaine Gaïda (1) et du groupe à l'Ouest au Lieutenant Tchetchek (2).

(1) Actuellement sous-chef d'Etat-Major de l'Armée tchécoslovaque.

(2) Actuellement chef de la Maison militaire du Président de la République tchécoslovaque.

Le 23 Mai, les délégués retournent à leurs échelons et des courriers sont envoyés dans toutes les directions. Le 27 Mai est choisi pour l'ouverture des opérations éventuelles sur toute la ligne de Sibérie ; or, vers l'Est, les *télégrammes chiffrés ne dépassent pas Mariinsk.*

A Novo-Nikolaevsk, à Mariinsk, à Kansk, à Nijni-Oudinsk, à Omsk, à Krasnoiarsk, se produisent alors des engagements entre les Tchécoslovaques et les Gardes Rouges ; à Omsk et à Krasnoiarsk, les Gardes Rouges restent maîtres de la situation ; dans les autres localités, les Tchécoslovaques sont victorieux, arrêtent les membres des soviets et installent au pouvoir les adversaires des soviets.

Pendant qu'à l'Ouest d'Irkoutsk, ces événements se déroulaient, une dizaine d'échelons poursuivaient leur voyage vers Vladivostok, ainsi qu'il a été dit plus haut. A Irkoutsk et à l'est d'Irkoutsk, non seulement on ignore la situation créée par le Congrès de Tcheliabinsk, mais encore on s'y trouve en présence d'une situation tout à fait différente. Un télégramme, qu'on pourrait attribuer à Maxa, prescrit la remise des armes par les Tchécoslovaques et (1), lorsqu'arrive en gare d'Irkoutsk l'échelon d'artillerie n° 26, il est immédiatement attaqué par la garde rouge et subit des pertes ; mais il s'empare rapidement de la gare et, à la suite de pourparlers enga-

(1) Le 26 mai.

gés par le Commandant de la batterie et les représentants des soviets, il part le soir même (26) pour Vladivostok, après avoir remis une partie des armes. Deux échelons suivent de près l'échelon d'artillerie et se sont emparés des deux stations voisines d'Irkoutsk (4 et 6 kilomètres à l'Ouest) ; ils ont arrêté des prisonniers de guerre et fusillé cinq d'entre eux.

Les soviets font alors appel au Consul américain et au Consul français (1) ; une convention est signée, et les deux échelons, auxquels on laisse 30 fusils et les armes personnelles, filent vers Vladivostok où ils arriveront sans incident ; toutes les garanties demandées sont accordées, et il n'est nullement question d'envoyer les volontaires dans les camps de prisonniers. Une Commission s'organise en vue d'améliorer les conditions de transport et commence ses travaux à Tchita.

C'est le 31 Mai seulement que parviennent à Irkoutsk les nouvelles tout à fait surprenantes de l'arrestation de Maxa, du remplacement du Conseil National par un Collegium militaire, de la désignation de Gaïda et de Tchetchek pour le commandement des troupes et de la décision d'occuper militairement les localités atteintes par les échelons.

A l'Ouest d'Irkoutsk, les événements s'aggravent, la

(1) Le Consul français d'Irkoutsk, était M. Bourgeois, qui y avait été détaché provisoirement de Tien-Tsin (Chine).

lutte continue. Sur la demande des soviets, une mission américaine se rend vers l'Ouest. Les conditions proposées par les Tchécoslovaques pour la cessation des hostilités, en présence de cette mission, étaient les suivantes :

a) Les échelons se rendront avec toutes leurs armes ;

b) A Irkoutsk, une Commission mixte (Français, Américains, Tchécoslovaques, Russes) décidera du moment et de l'endroit où l'on déposera les armes ;

c) Le mouvement reprendra par l'arrière, l'échelon en queue du convoi partant le premier et passant en tête du convoi ;

d) Les ordres de départ seront donnés par le Capitaine Gaïda seul ;

e) A chaque échelon sera donné comme otage un commissaire bolchevik.

Ce projet de traité avait été élaboré à Mariinsk, où les deux parties s'étaient mises d'accord ; il devait être signé à *Omsk*, où les représentants se rendaient, en vue de continuer les pourparlers ; en attendant, était conclu un armistice qui devait expirer le 10 Juin.

Sur ces entrefaites, arrive à Irkoutsk l'Ingénieur Smchal, porteur des instructions de Gaïda pour le groupe de Vladivostock. Par lui, nous apprenons que *Samara* et *Oufa* sont entre les mains des Tchécoslovaques; le pont sur la Volga (près de Samara) serait au pouvoir des Bolcheviks ; lorsque Smekal a quitté Gaïda, on ignorait encore si Penza était tombé.

A Irkoutsk, le Centro-Sibir (1) est tout à fait inquiet ; ses efforts pour faciliter le mouvement étaient sincères, c'est évident, bien que dictés par la nécessité ; Janson et Jakovlev ne cachent plus leurs craintes de voir la famine à Irkoutsk et une contre-révolution saper le pouvoir des soviets.

De Vladivostok, les membres du Conseil National envoïent des ordres pressants à Gaïda, mais Gaïda ne répond pas. On lui demande instamment de ne pas intervenir dans la politique russe, on fait même appel à sa parole d'honneur ; bref, à Vladivostok, à la fin de la première quinzaine de Juin, la France et ses alliés ne doivent pas encore avoir décidé d'intervenir effectivement pour faciliter le voyage.

En ce qui me concerne, j'estime qu'il s'est créé une situation qu'il y a tout intérêt à exploiter. Livrés à leurs propres forces, les Tchécoslovaques de l'Ouest n'arriveront jamais à Vladivostok. En attendant mieux, ils peuvent tenir le Transsibérien et former l'avant-garde d'une force alliée qui aurait mission de reformer sur le sol russe un front oriental où seraient appelés les volontaires russes. Le problème « amener la deuxième Division à Vladivostok et la première à Arkhangelsk » ne se pose plus jusqu'à nouvel ordre. Il s'agit maintenant d'ob-

(1) Gouvernement bolchevique de la Sibérie Centrale.

tenir que les Tchécoslovaques de Vladivostok viennent au secours de leurs camarades, avec l'appui *indispensable* des forces alliées et, par la même occasion, de favoriser le retour de l'ordre, ainsi que la formation d'un front. Ensuite, on pourra parler à nouveau de l'expédition en France.

Le 14 Juin, un mouvement anti-bolchevique éclate à Irkoutsk ; le commissaire aux prisons est tué, les prisonniers délivrés. En fait, le mouvement échoue, suivi de terribles représailles ; des anti-bolcheviks de 15 ans ont été fusillés ! !

Le 17 Juin, nous apprenons que les hostilités ont repris entre les Bolcheviks et les Tchécoslovaques de l'Ouest. A la date du 20 Juin, Omsk et Krasnoiarsk sont encore aux mains des Gardes Rouges. Le 22 Juin, le Consul m'annonce que les Tchécoslovaques de Vladivostok ont occupé les forts, et nous y voyons, à tort ou à raison, un signe précurseur de l'intervention alliée. S'il en est ainsi, les légionnaires, par leur volonté d'aboutir malgré les difficultés, par leur refus de se laisser décourager malgré la quasi impossibilité de leur tâche, auront rendu un immense service à la cause de la victoire, puisqu'ils forcent, pour ainsi dire, l'intervention et puisqu'ils font l'union entre les alliés sur cette question, en fait si délicate.

De toute manière, la solution du problème est maintenant confiée au sort des armes.

Le Congrès de Tcheliabinsk

Si l'on se place au seul point de vue de l'arrivée du Corps d'armée en France aussitôt que possible, « le Congrès » de Tcheliabinsk fut, en son temps, un sérieux empêchement : sans « congrès », il est permis de penser que, *devant les représentations de la France et des alliés,* l'arrivée de la 2ᵉ Division à Vladivostok et l'arrivée de la 1ʳᵉ à Arkhangelsk ou à Mourmansk eussent été obtenues. Si l'on se place au point de vue de la reconstitution d'un front oriental sur le sol russe, ou tout au moins d'une occupation provisoire de la Sibérie, en vue d'y contrecarrer la main-mise allemande, le « Congrès » de Tcheliabinsk a été un bienfait ; car il a obligé les Bolcheviks à aller plus loin qu'ils ne le voulaient et par réciprocité, les Alliés à intervenir en Sibérie, plus tôt qu'ils n'étaient capables de le faire ; il manquait entre eux, semble-t-il, dans la question du front oriental, un trait d'union que le « Congrès » de Tcheliabinsk, en aggravant et brusquant les choses, a créé ; la France et les autres puissances alliées pouvaient-elles rester insensibles plus longtemps au danger couru depuis plusieurs mois par l'opération tchécoslovaque, maintenant sur le point d'échouer ?

Il peut paraître étonnant que ce « congrès » ait existé. Mais il ne faut pas perdre de vue le caractère particulier des unités tchécoslovaques. Ces unités sont composées de prisonniers de guerre, sujets autrichiens ou hongrois, suivant que leur berceau est en Autriche ou en Hongrie ; ils ne peuvent confier le soin de leur destinée à ceux des représentants de la nationalité Tchécoslovaque qui sont en Bohême (1) ; il est donc arrivé que le soldat tchécoslovaque prisonnier de guerre en Russie a été appelé à voter, à faire de la politique ; il fallait bien avoir en Russie un organe capable de s'occuper, *au mieux de la cause tchécoslovaque*, des milliers de prisonniers tchèques et slovaques vivant sur le sol russe ; cet organe était la Section Russe du Conseil National Tchécoslovaque.

Lorsque le Corps d'Armée a quitté l'Ukraine, à destination de la France, les membres du Conseil National du moment étaient fort discutés ; ils le sentaient et leur tâche était rude, surtout à une époque et dans un pays d'anarchie ; aussi avaient-

(1) Voir page 46.

ils organisé un Congrès à Tcheliabinsk tant pour y rendre compte de leur mandat que pour permettre aux délégués d'exprimer la volonté de leurs camarades.

Le Congrès de Tcheliabinsk a probablement beaucoup contribué à pousser les agents des Empires Centraux à exiger de Trotski des mesures sévères contre les Tchécoslovaques. Ne serait-ce que par les colonnes du « Ceskoslovensky Dennik » (Journal du Conseil National édité en langue tchèque dans un wagon imprimerie attaché à l'expédition), ces agents savaient que le Congrès aurait lieu et certes il constituait un sérieux affront pour les Habsbourg, puisqu'il symbolisait sur le sol de Sibérie la patrie tchécoslovaque enfin ressuscitée.

Les décisions qui ont été prises au Congrès de Tcheliabinsk n'ayant pas été connues immédiatement de tous, il n'y a pas eu concordance entre les attitudes prises à Novo-Nikolaevsk (1), siège du commandement de Gaïda et Vladivostok, où le commandement du groupe de l'Est a été donné au Général Diterichs ; cette anomalie durera près d'un mois.

C'est ainsi que de Novo-Nikolaevsk sont expédiés des ordres n'excluant pas l'immixtion dans la politique intérieure de la Russie, alors que de Vladivostok partent de pressants appels à l'observation de la neutralité. L'action des échelons, elle aussi,

(1) Sur l'Obi.

a été discordante : Gaïda a été empêché, dès le début, d'organiser son action militaire ; ses premiers télégrammes chiffrés n'ont pu dépasser Mariinsk, de sorte que plusieurs des échelons à l'est de cette localité n'ont pas reçu ses ordres ; bien mieux, les consuls alliés d'Irkoutsk n'ont pu travailler en accord avec Gaïda, qui prescrivait l'arrêt des échelons, au moment même où ces Consuls s'efforçaient de faciliter et même hâter leur mouvement vers l'Est.

Coupé !

Le 23 Juin, prenant en considération la situation sur le front Ouest (Nijni-Oudinsk) et la situation à Vladivostok, M. Bourgeois, consul général de France à Irkoutsk, approuvait ma proposition de me rendre à Vladivostok : jusqu'alors, j'avais pu assurer la liaison entre le Consul d'Irkoutsk et les deux groupements tchécoslovaques (Est d'Irkoutsk, Ouest d'Irkoutsk) ; à la date du 23 Juin, je me trouvai coupé du groupement Ouest (Nijni-Oudinsk), les hostilités ayant repris à la suite d'un deuxième armistice, et je pouvais espérer rejoindre le groupement Est (Vladivostok). Le 23 Juin au soir, je quittai Irkoutsk.

Les nouvelles fausses et tendancieuses avaient été répandues à profusion à Irkoutsk, durant la dernière semaine de mon séjour dans cette ville ; les Tchèques n'éprouvaient que des revers et, en France, la victoire allemande était brillante et définitive ;

pour ne parler que de celle-ci, une dépêche du 21 Juin de l'Ambassade de Pékin nous permit de remettre les choses au point. Si je signale ce fait, c'est que j'ai pu constater, au cours de mon voyage, à Tchita, à Habarovsk, à Nikolsk, etc., le tort que faisait à notre cause la propagande bolchevico-allemande; en causant avec des étudiants, des paysans, des soldats, j'ai recueilli l'impression bien nette que la plupart des Russes ignoraient nos points forts et les points faibles de nos ennemis.

Le long de la ligne Tchita-Habarovsk, j'ai pu noter l'animosité de la population contre les Bolcheviks, la Garde rouge et les Magyars ; les habitants, à l'arrivée du train, viennent aux nouvelles ; on désire savoir ce qui se passe vers l'Ouest, et s'il est bien vrai que les Bolcheviks aient été chassés déjà de quelques villes ; on parle des Tchèques en excellents termes et on exprime le désir de les voir arriver bientôt sur la ligne de l'Amour.

En gare de Habarovsk, j'apprends que notre train, qui se dirige vers Nikolsk-Oussourisk (1), est le dernier en partance ; la circulation serait interrompue jusqu'à nouvel ordre ; on motive cette interruption par la détérioration de la voie ferrée entre Nikolsk et Vladivostok « par un violent ouragan ».

(1) Station importante à l'embranchement sur le Transsibérien, de la voie ferrée menant à Habarovsk.

A la station Iman (entre la station Habarovsk et Nikolsk-Oussourisk), notre train est dépassé par un échelon de Gardes Rouges, où le nombre des Russes est inférieur à la moitié de l'effectif total (1).

Depuis mon passage à Samara (Avril 1918), je voyageais et habitais, si l'on peut dire, dans un wagon de troisième classe ; se trouvaient dans mon wagon, un Alsacien et un Lorrain, prisonniers de guerre, mon secrétaire, mon interprète et la femme de mon interprète.

A mon arrivée à Nikolsk-Oussourisk, (nuit du 1er au 2 Juillet 1918), j'apprends que les trains ne vont pas plus loin ; mon secrétaire, que je charge de faire garer mon wagon, en attendant, me rapporte que la gare est pleine de Gardes Rouges ; le commissaire de la gare lui a exprimé son étonnement, en apprenant que les consuls étrangers sont encore à Irkoutsk ; une réelle nervosité règne dans la gare et sur les quais. Partout des sentinelles ; impossible de sortir du wagon sans attirer l'attention. Malgré le mystère qui enveloppe la gare et ses abords, je réussis à apprendre que le « violent ouragan » (2) n'est pas autre chose qu'une série d'événements graves, dont Vladivostok aurait été le théâtre ; que s'est-il passé exactement ? Que font, en ces circonstances, les

(1) Le reste de l'effectif comprend surtout des prisonniers de guerre, allemands, autrichiens et hongrois.

(2) Voir page 124.

Tchécoslovaques ? Je ne puis obtenir à ce sujet aucun renseignement précis, digne d'être retenu.

Je me décide à faire tout le possible pour arriver à Vladivostok ; si je n'y parviens pas et que je ne sois ni arrêté, ni fusillé, j'aurai en tout cas l'occasion de suivre de près les faits et gestes des Bolcheviks et de leurs Gardes Rouges.

Le 2 Juillet, l'animation augmente en gare de Nikolsk-Oussourisk. J'apprends que des unités tchèques marchent sur Nikolsk-Oussourisk. Des échelons bolcheviks arrivent en gare, venant de Habarovsk. Je compte une vingtaine de canons ; les manœuvres de train se poursuivent toute la nuit du 2 au 3 ; les employés de chemin de fer (1) ne mettent pas la moindre bonne volonté dans l'exécution de la besogne qui leur est ordonnée ; les commandements en allemand, les imprécations des Magyars ne me laissent aucun doute sur la composition des détachements et je remarque que la plupart de leurs chefs sont des officiers hongrois.

Le 3 Juillet, le canon se fait entendre ; un train blindé fait la navette en s'éloignant de Nikolsk. Puis, c'est la fusillade, ce sont les mitrailleuses, les canons, qui entrent en action près de la gare. Dans l'après-midi, seule l'artillerie se fait entendre des deux

(1) Les cheminots sibériens étaient en général, anti-bolcheviks.

côtés. En même temps, les Bolcheviks procèdent à la mobilisation de leurs forces de Nikolsk.

Le 4 au matin, tout est calme, mais, en gare, règne la terreur. A midi, paraît un bulletin bolchevik :

« Le 3, les Tchèques n'auraient pu dépasser Souï-« foun et n'auraient pu réussir un mouvement tour-« nant par le Monastère des Femmes; ils auraient « peu d'artillerie et de vieux modèle ; ils auraient « battu en retraite sur le front, l'artillerie bolche-« vique s'est déplacée vers l'Est ; les forces bolche-« viques vont marcher sur Vladivostok et y rétablir « l'autorité des soviets. »

Vers la fin de la journée du 4, le canon se fait entendre à nouveau ; le tir dure toute la nuit, plus intense dans la matinée du 5.

Le 5, le tableau change : les bolcheviks sont très agités, les habitants s'affolent, les soldats sont inquiets; les plantons apportent de mauvaises nouvelles.

Soudain, un obus tombe en percutant, à hauteur et à 2 mètres du milieu de mon wagon, dont les vitres se brisent et où pénètrent des éclats ; nul de nous n'est blessé. Un deuxième obus, puis un troisième, éclatent près du bâtiment de la gare. Alors, l'agitation devient extrême, le canon du train blindé, revenu en gare, tire au hasard ; l'état-major bolchevique donne l'ordre d'évacuer la gare et son train (superbes wagons de la Compagnie chinoise), file le premier dans la direction de Habarovsk ; je vois couper les fils télégraphiques et emporter les appareils téléphoniques. Décidément, les Tchèques doivent approcher. A son tour, notre train file vers le Nord ; on nous arrête à « Hippolitovka ». J'aperçois sur la route plusieurs convois en désordre s'éloignant du champ de bataille ; un grand incendie éclate à Nikolsk-Oussourisk ; les bolcheviks brûlent sans doute ce qu'ils ne peuvent pas emporter; c'est la déroute.

Notre train continue sur Evguienovka (120 verstes de Nikolsk); la ligne est à une voie, l'évacuation est très pénible ; à Evguienovka, la manœuvre des trains est pour ainsi dire impossible. Je décide d'envoyer vers les Tchèques mon Alsacien et mon Lorrain ; confiant en leur habileté et leur vigueur, j'espère qu'ils pourront apporter aux Tchèques des renseignements intéressants ; dans la nuit du 5 au 6, ils réussissent à s'évader du train sans être remarqués.

Le 6 Juillet, le désarroi ne diminue pas ; notre train est envoyé à Sviaguino (40 verstes d'Evguienovka), puis ramené vers Evguienovka ; un échelon de Gardes Rouges, qui a reçu l'ordre de retourner vers Evguienovka, n'obéit pas et poursuit dans la direction de Habarovsk ; contre-ordres se succèdent sans cesse ; de tout ce chaos, semble émerger l'intention de résister près d'Evguienovka, où se trouve l'état-major bolchevique. J'évalue à 4.000 environ le nombre des baïonnettes dont dispose cet état-major, dans la région de Evguienovka, pour reformer un front ; comme artillerie, une vingtaine de canons, 3 à 400 cavaliers, un aéroplane (hélas ! aux couleurs françaises) (1).

Mais j'ignore les intentions des Tchécoslovaques : vont-ils poursuivre les Bolcheviks chassés de Nikolsk ou vont-ils, détachant une flanc-garde au nord de Nikolsk, aller par Harbine, à la rencontre de leurs camarades de l'Ouest ? A aucun prix, je ne veux m'immobiliser à Evguienovka ; je vais tenter de rejoindre les Tchécoslovaques par voie de terre ; si je n'obtiens pas le laissez-passer indispensable, je retournerai à Habarovsk par voie ferrée, ce qui me fournira l'occasion de voir ce que donne la mobilisation des forces rouges, de renseigner le Consul américain et de tâcher de rallier Harbine par le Soungari (2). Mon interprète, de sentinelle en sentinelle, réussit à approcher le chef d'état-major bolchevique ; celui-ci est Russe, mais son adjoint est Magyar et demande à mon interprète s'il parle allemand ; le laissez-passer est refusé et mon interprète est averti que nous serons fusillés, si nous cherchons à sortir de la gare ; toutefois on promet d'accrocher mon

(1) Ayant figuré sur le front oriental avant la dissociation de l'Armée russe.

(2) Affluent du fleuve Amour.

wagon au premier train qui partira vers Habarovsk, promesse d'ailleurs tenue.

Chemin faisant vers Habarovsk, je suis témoin des efforts faits par les Gardes Rouges pour recruter de nouvelles forces ; les résultats obtenus sont insignifiants dans la plupart des localités, bien que l'on représente les Tchèques comme les pires barbares à la solde des exécrables bourgeois ; en revanche, la population ne cache pas sa satisfaction de savoir que les Bolcheviks ont été chassés de Vladivostok et de Nikolsk. Les Gardes Rouges, pour pousser les gens à s'enrôler, racontaient dans les gares que 20.000 Magyars étaient amenés de Habarovsk vers Evguienovka ; j'arrive à Habarovsk sans avoir croisé un seul échelon de soldats armés ! !

J'ai séjourné à Habarovsk du 9 au 12 Juillet, en attendant le départ du bateau. Les Bolcheviks sont inquiets et nerveux. Les journaux déclarent que la Révolution est en danger, se montrent hostiles aux Alliés et opposent tendancieusement l'attitude du Japon à l'attitude de l'Amérique, dans la question de l'intervention éventuelle en Russie.

On se livre à des manifestations guerrières, on fait circuler des canons, des caisses de fusils ; beaucoup de musique, mais peu d'entrain ; la foule reste froide. Du 9 au 13, je constate le seul départ d'un échelon d'infanterie et d'un échelon d'artillerie bolcheviques.

Au cours d'un entretien privé, Krasnochiokov, président du soviet de l'Extrême-Orient, a dit sans phrases au Consul américain que les bolcheviks feraient appel aux Empires Centraux, si la chose était nécessaire. Le Consul américain estime que l'intervention des Alliés s'impose désormais, le pouvoir des soviets ne représentant pas du tout les aspirations du peuple russe et l'Administration se montrant incapable de gérer les affaires ; de plus, le gouvernement des soviets sort de la neutralité qu'il devrait observer. C'est ainsi que Geissmann, commissaire aux Affaires étrangères du Centro-Sibir, faisait, à ce moment même, des démarches auprès du représentant de la Croix-Rouge suédoise, à Habarovsk, pour obtenir l'autorisation d'armer les prisonniers de guerre (1).

D'autre part, le Général von Taube est arrivé à Habarovsk le 8 Juillet ; ce Général russe, d'origine allemande, maintenant connu comme l'un des principaux chefs bolcheviks, aurait reçu l'ordre (d'après les journaux) de mobiliser officiers et hommes de troupe prisonniers en Sibérie ; où est la vérité ? La présence simultanée à Habarovsk de Geissmann et de Taube devait en tout cas retenir l'attention.

(1) Ceux, sans doute, qui n'étaient pas volontaires pour la Garde Rouge (voir note 1 de la page 125).

A bord du *John-Kockerill,* au moment de mon départ de Habarovsk, les Gardes Rouges ont voulu enrôler le personnel du bateau et les voyageurs ; vaine tentative, malgré les menaces faites.

A Mikhailov-Simionovski, où j'ai pris une barque pour franchir la frontière chinoise, les bolcheviks paraissent terrorisés par le voisinage des partisans de Semionov et des Chinois ; les Cosaques de l'Amour, qui pilotent ma barque jusqu'à Lahasusu, m'apprennent que le recrutement pour la garde rouge n'a donné, non plus, aucun résultat chez eux ; ils voient avec plaisir l'action des Tchèques et veulent avant tout une Assemblée Constituante ; bien qu'ils ignorent qui je suis, ils déclarent que les théories bolcheviques sont de simples utopies et qu'il valait bien mieux finir la guerre honorablement pour la Russie, que de déchaîner la guerre civile dans le pays.

Le 15 Juillet, je suis parti en jonque pour Foguedin, où je suis arrivé le 17. Le 18, j'ai pris le bateau qui m'a débarqué à Harbine le 22.

L'instant est venu de rappeler que, depuis le jour de mon départ d'Irkoutsk, j'étais coupé du groupe tchécoslovaque de l'Ouest et du groupe tchécoslovaque de l'Est. Si je résume la partie de mon exposé intéressant la période écoulée depuis cette date, 23 Juin, jusqu'au jour de mon arrivée à Harbine (26 Juillet), mon itinéraire se présente sous la forme de trois tranches distinctes : *a*) Irkoutsk, rive méridionale du Baïkal, Tchita, Habarovsk, Nikolsk-Oussourisk (où je tombe en plein combat, engagé entre les Tchécoslovaques de l'Est et les Bolcheviks (1) ; *b*) Nikolsk-Oussourisk, Habarovsk) ; *c*) Habarovsk, Harbine ; les deux premières par voie ferrée, la troisième par voie fluviale (fleuve Amour et son affluent, le Soungari).

Je n'ai pas l'intention de dépeindre les souffrances, privations et dangers qui furent mon lot quotidien durant cette période où je risquais à chaque minute de voir mon identité reconnue, et où j'étais en plein chez l'ennemi ; je me bornerai à souligner les lenteurs, les difficultés et les risques qu'il fallait envisager, en Juillet 1918, à propos de la jonction des deux tronçons de troupes tchécoslovaques, dont le plus important était celui de l'Ouest.

---

(1) Voir pages 126, 127 et 128.

Olovannaïa

Harbine, je ne l'apprendrai pas au lecteur, est une immense ville, comprenant la ville russe (bordant le Transsibérien) et la ville chinoise ; en somme, j'étais là en territoire chinois, donc ami, et c'est là que je repris avec les Tchécoslovaques le contact perdu. J'appris alors, qu'à Vladivostok, que déjà je savais libéré des Bolcheviks, ne se trouvaient toujours pas les transports destinés à amorcer l'enlèvement pour la France des unités tchécoslovaques, et qu'Irkoutsk avait été à son tour pris aux Bolcheviks ; on savait que Gaïda, chef du groupement de l'Ouest, avait atteint le Baïkal et j'eus l'heureuse chance de rencontrer, dès mon arrivée à Harbine, le jeune Smekal (1), émissaire de Gaïda ; Smekal arrivait de Vladivostok et retournait auprès de son chef par Pékin et Ourga, la

(1) Voir page 115.

région allant du front de Semionov au Baïkal étant encore aux mains des bolcheviks.

Le 2 Août, j'arrivai à Vladivostok ; comme j'étais parti de Kiew le 24 Février, j'avais donc mis près de six mois à atteindre cette étape importante de mon voyage. Hélas ! si l'on songe au but que l'on se proposait lors du départ de Kiew, nous étions maintenant loin de compte; un tiers seulement des Tchécoslovaques arrivé à Vladivostok, encore une partie d'entre eux guerroyait-elle contre les Bolcheviks dans la région au Sud de Habarovsk, le reste loin encore en pleine Sibérie ; enfin et surtout, pas de bateaux destinés à l'enlèvement des unités tchécoslovaques pour la France ; telle était, en résumé, la situation.

Masaryk a pourtant fait démarches sur démarches pour avoir les navires nécessaires au transport de ses volontaires : au Japon d'abord, et ensuite en Amérique où il est arrivé en Mai. Il ne réussit finalement, ni à déterminer les Alliés à une action de grande envergure en Sibérie et Russie, ni à obtenir les bateaux désirés.

En conséquence, le groupement de Gaïda fut dégagé moins tôt et moins facilement, et les Allemands n'eurent pas à distraire du front occidental d'autres troupes que celles destinées à exploiter le territoire russe; de plus, on sera privé sur le front occidental de l'appoint des volontaires de Masaryk qui auraient pu arriver en temps encore opportun : et cet appoint n'était certes pas négligeable. Le pire est qu'on sera entraîné, en maintenant les volontaires en Sibérie, à leur confier des missions pour lesquelles leur utilisation n'est pas indiquée ; du moins montreront-ils qu'ils existent, qu'ils peuvent et savent se battre et qu'ils sont dignes de l'indépendance à laquelle ils aspirent.

Masaryk est bien placé, à Washington, pour tirer des avantages diplomatiques des succès remportés par les Tchécoslovaques sur les troupes bolcheviques tout le long des voies ferrées de Sibérie. Le 29 Mai 1918, M. Lansing avait exprimé la sympathie du peuple Américain pour les efforts des Tchécoslovaques. Le 29 Juin, M. Stéphen Pichon, Ministre des Affaires étrangères, faisait savoir à la section française du Conseil National Tchécoslovaque que le Gouvernement Français admettait la légitimité des droits du peuple tchécoslovaque à l'indépendance et qu'il reconnaissait le Conseil National comme l'organe suprême et la base du futur Gouvernement tchécoslovaque ; le même jour, M. Poincaré, Président de la République Française, remettait un drapeau aux troupes tchécoslovaques du front occidental.

J'évoquais tout à l'heure les conséquences d'une intervention à grande envergure des Alliés en Sibérie et Russie. Le spectacle me fut du moins offert, à mon arrivée à Vladivostok, des préparatifs d'une intervention qui fut et reste une miniature de ce qu'il aurait été avantageux de faire. Dans la première quinzaine d'Août (1), débarquaient, en effet, dans ce port magnifique, divers détachements interalliés : ce fut d'abord le régiment anglais du Royal Middelsex, puis un bataillon de notre 16ᵉ Colonial, qui venait de Tien-Tsin, enfin les Japonais, en dernier lieu les Américains. D'autre part, étaient mouillés en rade le *Suffolk* anglais, le *Kersaint* français, et deux superbes cuirassés, l'un japonais, l'autre américain. Les représentants des divers gouvernements achevaient d'installer leurs bureaux qui prenaient chaque jour plus d'importance : on créait commission interalliée sur commission interalliée ; chemins de fer, prisonniers, transports, que sais-je encore ; les Tchécoslovaques avaient partout leur délégué.

Pour ne parler que de la France, étaient présents alors à Vladivostok, outre le Consul, le Colonel Paris et le Commandant Pichon, partis directement de Russie pour Vladivostok, au moment où je partais de Kiew avec les troupes tchécoslovaques ; une mission d'officiers coloniaux, à la tête de laquelle se trouvait le Colonel Le Magnen, était près d'arriver ; enfin, j'entendais parler pour la première fois de la désignation d'une importante mission française spécialement consacrée à la question tchécoslo-

(1) Août 1918.

vaque : elle était en route viâ Amérique-Japon ; c'était la *deuxième mission Janin*. Au cours de l'été de 1918, on aurait pu compter sur le bout des doigts le nombre des représentants officiels que les divers gouvernements alliés possédaient *à l'intérieur* de la vaste Sibérie ; en revanche, au point de contact avec le reste de l'univers qu'était Vladivostok, je voyais circuler une véritable fourmilière, car Japonais, Américains, Anglais et même Italiens, avaient, à Vladivostok, autant d'agents officiels que nous-mêmes, sinon davantage ; durant plus de deux ans, tout ce monde s'évertuera à résoudre, sans y parvenir, le problème russe vu de ce qu'on appellera pompeusement la « base de Vladivostok ».

Ainsi que je l'ai dit, une partie des troupes tchécoslovaques du groupement Est guerroyait avec les unités bolcheviques tenant la Mandchourie ; les deux fronts adverses, au début d'Août 1918, se trouvaient à peu près à mi-distance entre Habarovsk et Nikolsk-Oussourisk. Les faibles effectifs interalliés qui venaient de débarquer à Vladivostok furent dirigés vers le front tchécoslovaque, et il fut décidé de passer à l'offensive dès qu'ils auraient tous rallié le front en question, y compris un contingent chinois parti de Harbine. C'est au Général Oï, commandant la 12e Division japonaise, que fut confié le commandement.

Le 24 Août, à l'aube, fut prononcée une vigoureuse attaque qui donna lieu à de sanglants combats dans la région de Kraëvski. Les bolcheviks furent battus et poursuivis sans relâche : grande fut leur surprise d'avoir eu affaire à des troupes des puissances alliées.

Il n'entre pas dans le cadre du présent exposé de commenter, du point de vue militaire, l'affaire de Kraëvski : mais elle fut, bien entendu, caractérisée par la difficulté toujours considérable de faire converger les efforts de troupes appartenant à des nationalités différentes. Quoi qu'il en soit, la Mandchourie fut libérée de l'emprise bolchevique, et le désarroi ayant gagné les formations rouges qui faisaient face à Semionov (1), les unités tchécoslovaques de l'Ouest aux ordres de Gaïda progressèrent désormais plus facilement vers l'Est. Le 31 Août 1918, avait enfin lieu, à Olovannaïa, la jonction des deux groupements tchécoslovaques : le groupement Est et le groupement Ouest.

La Sibérie entière était maintenant enlevée aux dictateurs bolcheviks : c'était un beau résultat, dont tout le mérite revenait aux Tchécoslovaques qui avaient, depuis leur départ de Kiew, incontestablement déployé une énergie farouche : privations, souffrances, hécatombes de vies humaines, situations sans issue, rien ne leur avait été épargné. Ils n'étaient malheureusement pas au bout de leurs peines.

(1) Donc, face à l'Est.

L'une des conséquences immédiates du gros événement qu'était la libération de la Sibérie vaut qu'on s'y arrête : je veux parler de la gêne qu'elle apporta à l'exécution du projet d'organisation des prisonniers de guerre allemands, mis sur pied par Ludendorf. Ce dernier avait soumis, le 28 Avril 1918, à la signature de Guillaume II un document à l'adresse des prisonniers de guerre allemands internés en Russie et en Sibérie ; il y était dit que ceux-ci doivent travailler par tous les moyens en leur pouvoir dans l'intérêt de leur patrie et qu'à leur retour en Allemagne, ils auront deux mois de permission ; de plus, ils ne pourront être envoyés au front qu'après quatre mois de séjour en Allemagne. En raison des difficultés des communications télégraphiques, difficultés provenant des troubles dont la Sibérie fut le théâtre durant l'année 1918, le document ne fut connu de la plupart des prisonniers visés que plusieurs mois après sa publication ; mais un radio allemand avait été reçu à Tchita le 7 Juin, qui prescrivait aux prisonniers de guerre allemands de se mobiliser et de se placer sous les ordres du Général Von Taube ; avancement et décorations leur étaient promis, s'ils soutenaient les Bolcheviks. On voit par là combien Ludendorf redoutait l'intervention des Alliés par la Sibérie.

(1) Voir page 131.

Stéfanik

Sur ces entrefaites, je reçus par sans fil du Général Janin, qui voguait vers Vladivostok, l'ordre de me porter à la rencontre du Général Stefanik à Tokio, et de lui rendre compte de la situation des troupes tchécoslovaques. Le Général Stéfanik, dont je n'ai pas eu encore l'occasion de parler, se rendait en Sibérie avec la mission Janin. C'était un Slovaque qui s'était fait naturaliser Français avant la guerre mondiale, en raison de ses sentiments anti-autrichiens, et qui avait joué de bonne heure un rôle des plus importants sur le terrain des aspirations de ses frères de Bohême à l'indépendance. Après avoir servi quelque temps dans les rangs de l'armée française, où il obtint, pour des motifs d'ordre politique, le grade de Général de brigade, il se consacra tout entier à la solution de la question tchécoslovaque. Masaryk, Benès, Stefanik, c'est là une sorte de triumvirat qui mène au milieu des récifs la barque de la cause sacrée de l'indépendance. Masaryk, comprenant mieux que personne avec quelles difficultés était aux prises la Section

Russe du Conseil National Tchécoslovaque, jugea opportun de demander à Stefanik de se rendre auprès de celle-ci, afin de lui apporter un réconfort moral; il expliquerait aussi aux volontaires ce qu'on avait déjà obtenu et ce qui restait encore à faire ; de plus, la fin de la guerre semblant approcher, Stefanik aurait l'autorité voulue pour donner sur place les instructions nécessaires. Par Stefanik, j'apprends que le Gouvernement anglais, le 9 Août, et le Gouvernement des Etats-Unis, le 2 Septembre, ont reconnu à leur tour le Conseil National comme gouvernement de fait.

Ainsi, l'existence légale de l'Etat tchécoslovaque se trouvait assurée avant même que son territoire eût été libéré. Mais brusquement, les fameux quatorze points de Wilson étaient devenus l'Evangile des Habsbourg. Il s'agissait de déjouer cette ruse. Masaryk avait alors décidé de publier une déclaration d'indépendance et de proclamer le Conseil National comme gouvernement provisoire.

Il existe d'étroits rapports entre cette déclaration et la note que fit remettre le Président Wilson à M. Andrassy, en réponse à la note autrichienne ; le Président Wilson remettait, en effet, le sort de la monarchie des Habsbourg entre les mains des Tchécoslovaques et des Yougoslaves.

Le 28 Octobre, Prague proclamait la constitution d'un Etat indépendant.

Les vœux des Tchécoslovaques, tant de ceux restés au pays que de ceux qui étaient à l'étranger, étaient donc réalisés et quelques jours à peine avant l'armistice qui allait mettre un terme aux horreurs de la guerre sur le sol de l'*Europe*. Mais, pour les Tchécoslovaques de *Sibérie*, il y avait une ombre au tableau, et quelle ombre !

Les puissances alliées ont, en effet, décidé qu'il y avait lieu d'utiliser le Corps d'armée tchécoslovaque à la liquidation des forces bolcheviques de Russie. Il va donc falloir regarder à nouveau vers l'Ouest, il va falloir traverser à nouveau cette terre de Sibérie, source de tant de privations qu'on avait stoïquement endurées, et de tant de dangers auxquels on avait miraculeusement échappé. Le nombre n'est donc pas assez élevé des « bratsi » (1) qui sont déjà morts en Russie d'Europe ou en Russie d'Asie, victimes de leur dévouement à une *cause sacrée !* Retournera-t-on jamais « au pays » pour fêter la résurrection de la « patrie tchécoslovaque » et y goûter en paix les douceurs de la vie de famille dont on est privé depuis si longtemps ? Pour comble de malheur, le terrible hiver sibérien se fait déjà sentir. Et les trains se dirigent, en effet, vers l'Oural. Je pars moi-même avec le Général Stefanik qui, gravement malade, fait preuve d'une indomptable énergie pour mener à bien sa tâche; celle-ci con-

(1) Ce mot signifie, en langue tchèque, frères.

siste désormais, et avant tout, à maintenir le moral des volontaires mis à une si rude épreuve succédant à tant d'autres. Le Général Janin, à son tour, puis les bataillons anglais et français, partent de Vladivostok pour Omsk, et le Général Janin prend le commandement des divers contingents portés contre les troupes bolcheviques (les contingents russes et sibériens exceptés). C'est à Omsk que s'était installé le Gouvernement sibérien, rendu possible par l'action qu'avaient menée les divers éléments du Corps d'armée tchécoslovaque, une fois les hostilités ouvertes entre eux et les troupes bolcheviques.

Le Gouvernement sibérien avait mis sur pied une armée encadrée en majeure partie par des officiers russes et recrutée parmi les jeunes Sibériens. Avec cette armée, appuyée par les unités tchécoslovaques et les autres allogènes, on espérait, du côté russe, anéantir le régime bolchevique, non seulement en Sibérie, mais aussi dans la Russie d'Europe ; le centre de gravité des unités tchécoslovaques était Ekaterinbourg, cette « perle de l'Oural », qu'elles avaient enlevée aux troupes rouges au mois de Juillet précédent et où s'était produite, à la même époque (1), la mystérieuse disparition du Tsar Nicolas II et de sa famille.

(1) Précisément, lors de l'approche des unités tchécoslovaques.

C'est à Ekaterinbourg que Stefanik prend véritablement contact avec le soldat tchécoslovaque, à qui il apporte le mot d'ordre de Masaryk et à qui il explique la situation au pays et à l'extérieur du pays. A son autorité personnelle, s'ajoute l'autorité de la fonction qu'il occupe ; il est, en effet, maintenant Ministre de la Défense Nationale de la République tchécoslovaque.

Mais, en raison même de cette haute fonction, Stefanik ne croit pas pouvoir prolonger davantage son séjour en Sibérie ; il repart pour la Tchécoslovaquie, où il s'agit d'organiser la protection du nouvel Etat contre de nombreux dangers possibles ; il n'aura malheureusement pas la satisfaction de poursuivre la belle œuvre déjà accomplie : l'avion où il avait pris place pour faire sa rentrée triomphale dans la patrie ressuscitée s'écrase sur le sol tchécoslovaque ; Stefanik est mortellement blessé.

L'affaire Koltchak

Nous sommes maintenant en 1919. Cette année sera encore une année d'épreuves morales et physiques pour les Tchécoslovaques de Sibérie, épreuves d'autant plus terribles qu'ils n'osent pas entrevoir la fin de leurs misères et qu'ils envient le sort des soldats rentrés au foyer dans les divers pays qui ont pris part à la guerre mondiale. Or, déjà à la date du 31 Août 1918, j'écrivais sur mon carnet de route ce qui suit : « En attendant, les Japonais et les « Cosaques de Kalmikow (1) sont maintenant à Iman. « Le bruit court que les Tchécoslovaques de l'Ouest « seraient arrivés à Verkne-Oudinsk ; puisse cette « heureuse nouvelle être confirmée (2). Les volon- « taires désirent plus que jamais aller en France ;

(1) Ataman des Cosaques de l'Oussouri.

(2) En fait, c'est à cette même date du 31 Août 1918 qu'eut lieu l'événement historique de la jonction d'Olovannaïa.

« que je parle à des officiers ou à des soldats, je « constate toujours qu'on n'a plus confiance dans « la Russie et qu'on considère comme la plus dure « des nécessités de se battre sur le front russe ; « tels officiers qui partiraient avec le plus grand « enthousiasme pour le front français quitteront « peut-être le Corps d'armée, s'il doit être dirigé « vers la Russie après la jonction tant désirée de « ses deux parties ».

Depuis le 18 Novembre 1918, date du coup d'Etat de Koltchak, le Gouvernement de l'Amiral avait succédé au Gouvernement dit du Directoire. En brisant le Gouvernement né du suffrage national, Koltchak apportait à son tour le désordre dans les affaires publiques et dans les esprits ; il compliquait le problème en arrêtant l'essor de la première manifestation nationale de réorganisation.

Les soldats tchécoslovaques, déjà énervés par leur maintien en Sibérie, avaient accepté difficilement d'obéir aux représentants du Gouvernement Koltchak, qui leur paraissait offrir très peu de garanties, et, désirer, avant tout, le retour au régime tsariste ; leurs tendances démocratiques furent mises à une rude épreuve et il avait fallu toute l'autorité de Stefanik pour les convaincre de la nécessité de continuer à se battre contre les Bolcheviks.

Pour comble de malheur, l'hiver sibérien fut particulièrement rigoureux en Janvier et Février 1919 ;

les combats livrés aux troupes rouges furent des plus pénibles et on fut amené à laisser la charge entière du front aux troupes sibériennes. Le Corps d'armée tchécoslovaque reçut alors la mission de protéger le Transsibérien contre les incursions des bandes bolcheviques ; à cette époque, la propagande était déjà l'une des armes les mieux employées par les adeptes de Lénine ; Koltchak devait lutter non seulement sur le front proprement dit, il avait aussi à garantir la zone de l'arrière, et notamment la voie ferrée qui lui apportait les vivres et les munitions. En allant du front vers l'Est, la garde du Transsibérien était assurée dans l'ordre suivant : Polonais, Tchécoslovaques, Yougoslaves, Roumains.

Le Général Janin m'avait précisément confié l'organisation des troupes polonaises qui comprenaient environ dix mille hommes et, antérieurement, celles des Yougoslaves, soit environ trois mille Serbes, Croates et Slovènes. Au cours du printemps et de l'été 1919, je ne travaillais donc plus pour l'élément tchécoslovaque, mais les circonstances me permettaient de vivre encore dans le milieu tchécoslovaque.

C'est dire que j'ai pu suivre de près les manifestations des sentiments des volontaires, à mesure que les événements acculaient Koltchak à une situation désespérée ; les volontaires tchécoslovaques se rendaient fort bien compte que l'ardeur et la capacité des officiers de l'armée Koltchak n'étaient nullement à la hauteur des difficultés et que la troupe, composée de jeunes Sibériens, ne sachant guère pourquoi ils étaient sous les armes, aurait eu besoin d'un encadrement très sûr ; ils avaient remarqué que le nombre et le grade des officiers russes augmentaient à mesure qu'on s'éloignait du front ; ils pouvaient en voir des milliers à Tomsk, par exemple, et ils entendaient dire que la plupart d'entre ces officiers refusaient de partir se battre. Je peux affirmer, avec eux, la rigoureuse exactitude des appréciations reproduites ci-dessous :

« Les généraux russes, installés dans des trains « confortables ou dans des demeures luxueuses, « avaient d'énormes états-majors, bondés de femmes « qui colportaient toutes les nouvelles, et l'état-« major général d'Omsk était une immense foire « d'incapacités et d'intrigues. Les ordres qui en « sortaient dénotaient une insuffisance militaire « consommée et l'exécution laissée au bon vouloir « de chaque échelon de commandement était stérile.

« Quant aux ravitaillements, dont nous fournis-« sions cependant les éléments, il en était bien peu « qui parvenaient aux troupes ; les stocks s'accu-« mulaient dans les gares ou constituaient les pro-« fits de l'Intendance. A toutes les tentatives qui « furent faites pour ouvrir les yeux de l'Amiral, « on sentit l'impuissance de ce dernier à réagir

« contre une bande d'exploiteurs et de paresseux « (*Revue de Paris,* 15 Novembre 1920 »).

Les officiers tchécoslovaques et leurs hommes remarquaient facilement la différence existant entre la valeur des troupes bolcheviques, avec lesquelles ils s'étaient mesurés, et la valeur des troupes sibériennes; la différence n'était pas au bénéfice de ces dernières; aussi, était-on de plus en plus pénétré de l'idée qu'elles n'obtiendraient pas le moindre succès militaire. En fait, après une offensive facile, engagée en Avril 1919, l'armée sibérienne était arrivée très près de la Volga ; mais ces opérations avaient été menées trop vite et on n'avait pas organisé les arrières.

Le commandement bolchevique regroupa ses troupes, les renforça de trois divisions tirées du Turkestan et attaqua en Mai. Tout le système sibérien céda et, depuis, ne se rétablit jamais. Ce fut une débâcle et l'armée sibérienne ne fut plus qu'une cohue refluant vers l'Est et traînant après elle le typhus, le scorbut et autres maladies.

Constatant combien rares étaient les chefs qui, dans cette armée, animaient les troupes de quelque esprit de sacrifice et le peu d'entrain des Russes et Sibériens eux-mêmes à combattre, pour leur propre cause, les volontaires tchécoslovaques se félicitèrent désormais d'avoir reçu mission de garder le Transsibérien. Le mouvement des troupes régulières bolcheviques étant précédé d'une propagande qui trouvait un terrain tout préparé parmi les populations paysannes lassées, la garde de la voie ferrée devenait pourtant chaque jour plus difficile. Mais ce qui arriva à point pour soutenir en ces heures tragiques le moral des troupes tchécoslovaques, ce fut la nouvelle que le gouvernement de Prague avait enfin obtenu des Alliés les moyens nécessaires au rapatriement.

Il ne restait plus, dans ces conditions, au commandement tchécoslovaque et à la mission Janin qu'à essayer de dégager de cet imbroglio sanglant et douloureux ceux qui, par une énergie farouche, avaient bien mérité leur retour au pays, enfin ressuscité.

Le Général Janin, prenant en considération le fait que j'avais quitté la France depuis plus de deux ans, me fit inscrire parmi les premiers officiers français à rapatrier ; il me confiait en même temps la mission de me rendre à notre Légation de Pékin pour exposer à notre représentant, M. Boppe, la situation qui régnait en Sibérie.

De Pékin, je me rendis à Tokio d'abord, à Washington ensuite ; les Tchécoslovaques, n'ayant pas perdu de temps, avaient déjà installé des chargés d'affaires auprès du gouvernement Japonais et auprès du gouvernement des Etats-Unis ; je leur apportai des nouvelles concernant les malheureux volontaires de Sibérie, formulai des desiderata au nom de ces derniers; bien entendu, ces chargés d'affaires s'ingénièrent à leur faire parvenir des secours de toute sorte et à activer les dispositions prises pour le rapatriement ; ils n'avaient d'ailleurs, pour mener à bien leur tâche, qu'à s'inspirer des méthodes employées par Masaryk lors de son séjour au Japon et en Amérique.

Le 2 Décembre 1919, je débarquais au Havre. Je n'ai donc pas été témoin du pénible drame qui marqua à la fois la fin de la débâcle de l'armée sibérienne et l'emprise (1) bolchevique sur l'entière Sibérie ; ce fut le triste épisode du 7 Février 1920, au cours duquel tombèrent Koltchak et ses quelques derniers fidèles. En vain, les Tchécoslovaques avaient, en 1918, libéré la Sibérie au mieux des intérêts du monde entier ; ils étaient maintenant, par une amère ironie du sort, entraînés dans la débâcle qui faisait pour longtemps de Lénine et de ses associés les maîtres incontestés de la Russie d'Europe et aussi de la Russie d'Asie.

En tout cas, ce que j'avais pu constater avant mon départ de Sibérie, c'était la définitive impopularité de Koltchak ; la tension des esprits augmentant contre l'Amiral, les reproches durent monter violents contre les Tchécoslovaques, à l'occasion de l'escorte qu'ils fournirent en Décembre 1919 à l'Amiral, *abandonné par sa garde russe sibérienne.*

(1) Pour la deuxième fois.

Il m'a paru qu'il ne serait pas superflu de citer à cet instant l'exposé publié dans la *Revue de Paris* du 15 Novembre 1920, des causes qui amenèrent l'exécution de Koltchak (1).

« A Irkoutsk, alors que l'Amiral était encore loin « à l'Ouest, un nouveau gouvernement s'était cons- « titué, il était devenu rapidement extrémiste, avait « armé les ouvriers ; Koltchak était coupé de « Tchita et Vladivostok, où restaient ses derniers « fidèles de l'arrière.

« A cette heure d'agitation extrême, la mise à « mort d'une vingtaine d'ouvriers de la voie et l'exé- « cution effroyable de trente et un otages, dont une « femme, pillés, déshabillés, assommés, et jetés dans « le Baïkal par des officiers (dont un colonel) des « troupes sémionovistes, poussa la colère à son « paroxysme. Irkoutsk sut tout de suite tous les « détails du drame, qui devint la condamnation de « l'Amiral.

« Les forces antigouvernementales se massèrent « dans les gares, menaçant les échelons tchèques ; « il aurait fallu engager la bataille autour du train « portant Koltchak, pour continuer la route vers « l'Est. Le Haut Commandement allié et le Comman-

(1) Il m'a paru rationnel de le reproduire, surtout parce qu'il ne contredit en rien l'opinion que je me suis formée sur ce qui a pu se passer, après mon départ de Sibérie, dans le voisinage de Koltchak.

« dement tchèque ne pouvaient accepter une « pareille responsabilité ; ils ne pouvaient plus ver- « ser le sang de leurs hommes pour un chef de « gouvernement abandonné de tous les siens, con- « damné devant son peuple par ses fautes et par « les agissements de ses fidèles en fuite ; du reste, « l'issue de la lutte n'eût pas été douteuse. Per- « sonne ne s'était d'ailleurs engagé envers l'Amiral « à lui assurer une protection indéfinie, on avait « atteint la limite du possible.

« C'était au début de Janvier, et le gouvernement « d'Irkoutsk ne paraissait pas décidé à des mesures « extrêmes envers l'Amiral ; il voulait surtout un « gage ; mais, quand les éléments de l'armée sibé- « rienne en retraite approchèrent d'Irkoustk par « l'Ouest, le Soviet local apeuré décida subitement « la mise à mort de l'Amiral, pour qu'il ne risquât « pas de tomber aux mains de ces troupes, con- « duites désormais par le Général Voitsekovski ; ce « fut le pénible drame du 7 Février, au cours « duquel tombèrent Koltchak et ses quelques der- « niers fidèles ».

L'embarquement des volontaires, si longtemps désiré et toujours retardé, commença enfin ; et leur transport par la voie maritime s'échelonna sur de nombreuses semaines, durant l'année 1920, pour prendre fin le 30 novembre.

Le Corps d'armée tchécoslovaque, créé en Russie

fin 1917, avait mis plus de deux ans pour se rendre de la région de Kiew dans la région de Prague (1) et après combien de péripéties, péripéties que l'histoire ne saurait oublier.

---

(1) Voir annexe 4.

Tchécoslovaquie, France et Allemagne

Il s'agit maintenant de conclure. La mission qui m'avait été confiée fin Juillet 1917 avait-elle abouti ?

Evidemment non, puisque j'avais été chargé d'amener de Russie sur le front occidental un minimum de quarante mille Tchécoslovaques. La Révolution bolchevique bouleversa totalement les projets formés. Cette mission fut-elle inutile ? Evidemment non, car elle fut simplement détournée de son but immédiat, et les transformations qu'elle a subies ont eu pour résultat incontestable le prodigieux développement de l'influence prise par le nom français dans le milieu tchécoslovaque.

Pendant plusieurs mois, les plus angoissants d'ailleurs que les volontaires tchécoslovaques aient connus, ceux-ci n'eurent auprès d'eux d'autre représentant des Alliés que moi-même ; j'étais le trait-d'union entre eux qui manquaient de tout, même d'un pays bien à eux, et ceux qui pouvaient beaucoup leur donner, notamment les frontières de leurs rêves ; je symbolisais à leurs yeux les pays alliés et avant tout la France ; que de fois le découragement les aurait légitimement gagnés, s'ils n'avaient vu parmi eux le représentant de l'une des nations capables de les comprendre et de les aider !

Le Gouvernement Français, en face de difficultés qui étaient imprévues lors de ma désignation comme chef de mission, fut tout naturellement amené à diriger une mission très importante, la *deuxième mission Janin,* à la rencontre des troupes tchécoslovaques. Le bénéfice de la France, au point de vue de son influence future en Tchécoslovaquie, ne pouvait qu'en être augmenté.

Je ne signale que pour mémoire les facilités qui me furent données d'abord, et au Général Janin ensuite, pour faire connaître, apprécier et aimer notre pays par les volontaires tchécoslovaques ; j'avais organisé des cours de langue française dans les trains qui constituaient nos casernements, tant durant les déplacements, que durant les longs arrêts dans les gares ; naturellement très ingénieux et aussi très méthodiques, les volontaires avaient réussi à installer une imprimerie dans le train avec lequel je me trouvais ; un journal, le *Ceskoslovensky Dennik*, paraissait presque journellement, malgré difficultés et incidents, même sanglants ; j'écrivais dans ce journal des articles ayant pour but de familiariser les officiers et soldats tchécoslovaques avec notre histoire, notre géographie et notre façon de faire la guerre ; quant à la mission du Général Janin, comptant une trentaine d'officiers et qui disposait même d'une section cinématographique, le lecteur peut facilement se convaincre des services qu'elle a rendus à l'influence française dans le milieu tchécoslovaque, à partir du moment où elle prit en mains la direction des affaires tchécoslovaques en Sibérie.

Au point de vue purement français, je ne saurais passer sous silence le fait que la Sibérie ne sera plus désormais ce pays mystérieux où l'on n'osait pas s'aventurer : il est bon que quelques centaines de Français (personnel de la mission Janin, bataillon et batteries venus d'Indo-Chine) aient eu la faculté de pénétrer en Sibérie ; ils ont pu se rendre compte que ce pays est débordant de richesses de toute sorte ; lentement, mais sûrement, pour peu qu'on y prête l'attention voulue, la propagande fera son œuvre ; le jour où les circonstances politiques le permettront, tout Français avisé, entreprenant et sérieux, trouvera en Sibérie des ressources qui lui assureront une situation hors pair. La France aurait tout à gagner, en favorisant, le moment venu, l'exode vers l'opulente Sibérie de ceux de nos jeunes compatriotes qui se laisseront tenter par l'attrait particulier et réel des steppes sibériennes et par l'espoir de réussir en contribuant à l'exploitation des multiples ressources de la Russie asiatique.

Mais revenons aux Tchécoslovaques, car c'est d'eux qu'il s'agit avant tout ici. « On leur a quelquefois reproché, dit Hartl, d'avoir trahi leur empereur, d'avoir violé leur serment ».

« En se décidant à combattre contre l'Autriche, « les soldats tchécoslovaques s'étaient trouvés effec« tivement devant un cas de conscience très grave : « prendraient-ils parti pour la Nation ou pour « l'Etat, pour leur Nation opprimée par l'Etat ou « pour l'Etat opprimant leur Nation ? Entre le ser« ment qui leur avait été imposé et l'amour qu'ils « portaient à leur Patrie sans cesse harcelée par « les persécutions de la dictature militaire, il n'y « avait point à hésiter.

« Ce conflit intime a été épargné aux soldats et « aux citoyens des Etats dans lesquels la nationa« lité et le droit de cité ne sont qu'une seule et « même chose ; ceux-ci n'ont pas connu les tour« ments de l'âme contre lesquels ont eu à lutter, « sous la monarchie habsbourgeoise, les soldats de « nationalité slave et romane, lancés contre des « peuples auxquels les liait une sympathie frater« nelle. C'est dans la philosophie de Masaryk que « les soldats tchécoslovaques trouvaient une réponse « précise à ces questions de conscience contre les« quelles il leur fallut quelquefois lutter jusque dans « les camps de prisonniers.

« En proclamant que le devoir moral était de « combattre le mal et la violence, Masaryk don« nait son approbation à ceux qui considéraient « comme de leur devoir de se battre pour l'affran« chissement de leur peuple ».

La France a le droit d'être fière de l'appui qu'elle a donné à l'organisation et à l'action des troupes tchécoslovaques en Russie et Sibérie. Cet appui a grandement contribué à la création de l'Etat tchécoslovaque, qui figure au milieu des Alliés parmi les puissances signataires des traités de Versailles, Saint-Germain, Neuilly, Sèvres et Trianon.

Et l'Allemagne n'attendit pas longtemps pour constater d'une façon officielle l'apparition dans l'Europe Centrale d'un facteur nouveau avec lequel il faudrait compter. Le 6 Novembre 1918, le Général Groëner, successeur de Ludendorf, déclarait, en effet, ce qui suit :

« La conduite politique de la guerre, résolue et « certaine de ses buts, dirigée par le triumvirat « Wilson-Clemenceau-Lloyd George, fait prévoir que « le haut commandement militaire de nos ennemis « s'efforcera, lui aussi, d'obtenir la décision mili« taire complète, l'encerclement et la capitulation « du peuple allemand. En outre, les opérations « militaires de nos ennemis trouvent un soutien « puissant dans le bolchevisme qui, de l'Est et du « Sud-Est, pénètre dans notre armée et dans notre

« peuple. Si la guerre doit être continuée, il faut « tenir compte, dans nos calculs, de la possibilité « de voir non seulement la Roumanie reprendre la « guerre, mais encore les Tchécoslovaques et d'au« tres fractions de nos anciens Alliés soutenir acti« vement les opérations de nos ennemis ».

L'histoire voudra savoir et établira si les Alliés ont utilisé pour le mieux, en vue d'une issue favorable de la guerre mondiale, les unités tchécoslovaques de Russie et de Sibérie ; elle fixera aussi les responsabilités dans l'emploi qui a été fait de cette force. Quoi qu'il en soit, l'Etat tchécoslovaque est présentement le mieux assis et le plus prospère des Etats nouveaux de l'Europe Centrale ; il le doit à un ensemble de ciconstances favorables, à ses ressources économiques, aux fortes qualités du peuple, et aussi à la fortune inouïe qu'il a eu de rencontrer, à un moment essentiel de son histoire, un homme tel que Masaryk.

Ni Bolchevistes ni Tsaristes

Il est à peine besoin de souligner que, rentrés enfin dans leur Patrie ressuscitée, les volontaires tchécoslovaques de Russie et de Sibérie, conscients de la part qu'ils avaient prise à l'œuvre de résurrection, ont été amenés à s'organiser (dans le cadre des lois du nouvel Etat, bien entendu).

Restés au pays, les Tchécoslovaques ne pouvaient raisonnablement exiger que les légionnaires, ainsi qu'on a pris l'habitude de les désigner à Prague, oublient du jour au lendemain les épreuves subies ; des flots d'encre ont déjà coulé dans la presse et la littérature tchécoslovaques à propos de la question des légionnaires, qui ont même paru encombrants à certains, dangereux à d'autres ; aux yeux des Tchécoslovaques bien informés, les légionnaires de Russie et de Sibérie ont droit à la reconnaissance de tous et méritent d'être donnés en exemple à la jeunesse ; à l'étranger, le rôle qu'ils ont joué en Russie et en Sibérie n'a pas encore été bien compris et une propagande tenace, de sources allemande avant tout, s'efforcera sans cesse, il faut le prévoir, de ternir la gloire des braves légionnaires tchécoslovaques. Par une âmère ironie du sort, certains Russes non bolchevisés communient sur ce terrain avec les Bolcheviks ; méprisés par les Blancs, redoutés par les Rouges dont ils avaient gêné le pernicieux travail, les légionnaires de Russie et de Sibérie avaient pourtant attendu assez longtemps le jour libérateur du rapatriement, et dans une situation équivoque si blessante pour leur amour-propre ! Aujourd'hui encore, il se trouve des Russes et des étrangers traitant le groupement des volontaires tchécoslovaques de Russie et de Sibérie de « pépinière de bolcheviks » ou de « spéculateurs de la misère russe » suivant qu'ils sont eux-mêmes des partisans du tsarisme ou du communisme.

Un document de date récente offre à cet égard le double avantage de montrer l'état d'âme actuel des volontaires tchécoslovaques et de relier le passé au présent ; il s'agit d'une résolution prise le 17 Avril 1925 à l'occasion d'une tentative faite, soit pour les compromettre en bloc, soit pour les attirer en totalité ou en partie. « L'Union des Légionnaires « tchécoslovaques, peut-on lire, dans ce document, « considère le commandement d'honneur de la Ve « Division de l'armée rouge accordé par le conseil

« de l'Armée Révolutionnaire rouge de Moscou à « la section communiste de Tchécoslovaquie, « comme une grave atteinte portée par le gouver- « nement des soviets à la loyauté internationale. « Tout comme le Vatican, le gouvernement des « soviets montre qu'il cherche, grâce au concours « d'un parti politique, à troubler l'ordre démocra- « tique intérieur et la paix dans la République « tchécoslovaque.

« Laissant au gouvernement de la République « tchécoslovaque le soin de demander à ce sujet « les explications nécessaires et d'en tirer les « conséquences, nous croyons de notre devoir de « déclarer, au nom des légionnaires, que les luttes « historiques engagées en 1918-1919 entre les déta- « chements soviétiques et les légions sont à nou- « veau présentées d'une façon tendancieuse tant « par le gouvernement des soviets que par la sec- « tion tchécoslovaque de la IIIe Internationale. Le « reproche stupide, humiliant et tant de fois « démenti, de s'être mis au service de la bour- « geoisie internationale, a été de nouveau lancé à « la face des légionnaires.

« Si nous nous élevons une fois de plus contre « cette déclaration résultant, soit d'une ignorance « absolue, soit d'un haineux fanatisme de parti qui « dédaigne la vérité, c'est uniquement pour rappe- « ler aux ouvriers tchécoslovaques systématique-

« ment trompés par les aveugles et prétentieux dic- « tateurs de la Russie, qu'en Russie les légions ont, « depuis le premier jusqu'au dernier jour, été ani- « mées de la seule idée de lutter pour la liberté et « la démocratie contre l'impérialisme des Empires « Centraux. Dès le début, elles ont clairement décliné « les appels en faveur d'une intervention dans la « guerre civile russe. Par suite d'une tentative « visant à leur désarmement, elles se sont trouvées « en lutte avec les détachements rouges du fait « des chefs aveugles du parti bolcheviste, agissant « sous l'influence de quelques dévoyés du mouve- « ment révolutionnaire tchécoslovaque.

« C'est plus que de la perversité politique que de « prétendre, de façon provocante, faire aujourd'hui « de l'éclatante erreur du parti bolcheviste la base « d'une alliance fraternelle entre la Russie et le pro- « létariat révolutionnaire tchécoslovaque. En réalité, « les combats qui ont eu lieu entre la Ve Division et « les légions, en 1918 et 1919, rappellent seule- « ment que le Gouvernement des soviets, anxieux et « peu clairvoyant, a, à son détriment, considéré le si « pur dévouement dont l'armée tchécoslovaque « (composée en grande partie de prolétaires révo- « lutionnaires) a fait preuve dans sa lutte pour la « libération nationale et la démocratie, comme un « service rendu à la réaction internationale.

« S'il est presque impossible d'admettre aujour-

« d'hui encore que le Gouvernement des soviets et « la Section tchécoslovaque de la IIe Internationale « sont animés de bonne volonté, nous nous voyons « obligés de déclarer que le commandement de la « Ve Division, solennellement conféré au parti com- « muniste tchécoslovaque, peut être regardé comme « une nouvelle manifestation d'inimitié à l'égard des « légionnaires et, par conséquent, à l'égard de la « République démocratique tchécoslovaque pour « laquelle ils ont lutté. Les légionnaires sauront en « tenir compte et en tirer les conséquences ».

Coménius et Masaryk

En terminant cette esquisse de l'activité des Tchécoslovaques en Russie et Sibérie, je ne crois pouvoir mieux faire que de rappeler l'entrée en matière du premier message lu devant la Nation libérée par le Premier Président de la République tchécoslovaque.

Masaryk débuta par une citation de Coménius qui, de l'exil où il allait mourir, sans avoir revu sa Patrie asservie, lui adressait ses paroles prophétiques :

« De même que je crois en Dieu, je crois que,
« quand les orages de la haine, qui ont été déchaî-
« nés sur nos têtes à cause de nos péchés, auront
« passé, la direction de tes affaires te reviendra, ô
« peuple tchécoslovaque ; et, dans cette espérance,
« je te fais l'héritier de tout ce que j'ai recueilli
« de mes aïeux dans les temps difficiles, et aussi de
« tout ce que j'ai acquis par le labeur de mes fils
« et par la bénédiction de Dieu ».

« Ces paroles de Jean Amos Coménius, pour-
« suivit Masaryk, se sont littéralement accomplies.
« Notre Nation est libre et indépendante. Vivons-
« nous dans un rêve ? Voilà la question que se
« posent les hommes politiques dans tous les pays
« et moi-même je me demande si tout ceci est une
« réalité ».

ANNEXES

ANNEXE I

Ernest Denis

En inaugurant le 3 Octobre 1925 le monument érigé à la mémoire d'Ernest Denis, la Municipalité de Nîmes a rendu un hommage mérité à l'éminent historien qui fut le pionnier de l'indépendance de la Bohême et de la solide amitié qui unit la France et la Tchécoslovaquie.

Le lecteur trouvera ci-dessous les appréciations portées sur notre compatriote par trois Tchécoslovaques qualifiés :

Vaclav Novotny, professeur d'histoire à l'Université de Prague ; Ivan Markovitch, ministre de l'Instruction publique, et Masaryk, président de la jeune République.

« .....En 1914, éclatait la guerre mondiale qui « devait tout bouleverser, mais il est bien peu « d'hommes qui aient prévu, comme Denis, les « changements politiques qu'elle devait amener.

« Voilà ce qu'il faut comprendre. Ses efforts « n'avaient pas été déçus, les événements leur don- « naient une éclatante confirmation en même temps « qu'une base plus solide. Au début des hostilités, « Denis publie, avec la collaboration du Professeur « Durkheim, un petit écrit mémorable : *Qui a voulu la* « *guerre ?* (1914), études et documents dans lesquels « avec une précision souveraine, il dévoile le vrai « coupable. Bientôt après, paraît son œuvre célèbre : « *La guerre,* causes immédiates et lointaines, *L'Into-* « *xication d'un peuple* (1915), livre unique en son « genre, auquel il serait fort difficile de trouver un « pendant et qui surprend presque chez Denis, bien « qu'il soit plus que tout autre la fidèle expression « de sa haute personnalité. Animé d'un souffle puis- « sant qu'inspire une conviction profonde, ce livre « entraîne le lecteur en lui dévoilant ces frivoles « tentatives qui cherchent à décliner toute respon- « sabilité, il met au pilori toutes ces lâchetés com- « mises et avouées sans pudeur et sans honte. Avec « une conviction inébranlable et une certitude « absolue, l'auteur exprime sa confiance en la « victoire de la vérité et du droit. Grâce à la vue « d'ensemble qu'il possède sur les questions slaves, « grâce surtout à sa connaissance approfondie de « l'histoire contemporaine, Denis a su s'orienter dès « le début de la guerre, et c'est ce qui explique « (chose vraiment surprenante) qu'il ait pu, à ce

« moment déjà, dessiner, en traits si fermes, la « future carte de l'Europe ; il est seulement regret- « table que les traités de paix n'aient pas suivi « l'auteur dans les moindres détails, puisqu'ils « s'étaient inspirés des traits généraux.

« Mais il ne suffisait pas alors d'avoir cette ferme « conviction, il fallait la faire partager à tous, il « fallait persuader les milieux compétents que la « solution proposée tout au commencement par « Denis était la seule possible et la seule équitable. « Et ce n'était pas là une tâche facile. Nulle part « la force des préjugés n'est plus grande que dans « la politique, nulle part ailleurs les idées nouvelles « ne choquent autant l'influence conservatrice des « traditions, même quand la réalité prouve combien « ces traditions sont erronées. Au milieu de ces cir- « constances si graves et si pénibles, Denis déploie « une immense activité. Malgré la perte douloureuse « de son fils et de son gendre, au commencement « de la guerre, il se consacre tout entier à cette « cause, et, par la plume et par la parole, il tra- « vaille au triomphe de cette idée devenue le but « suprême de sa vie.

« L'homme qui a su décrire, avec tant d'intérêt, « la fin de l'indépendance de la Bohême, fait alors « des efforts surhumains pour construire les fon- « dements de l'indépendance tchèque. Et, ainsi « encore s'unissent, dans cette nouvelle activité, les

« deux buts qu'il a constamment poursuivis : ser-« vir tout d'abord les Tchèques et travailler égale-« ment au profit de la France.

« Son rêve lointain devint une réalité : la Bohême « indépendante promet d'être le véritable appui de « la politique française.

« Il ne nous est pas possible de tout mentionner « et, souvent, l'expression nous ferait défaut, si « nous voulions rapporter les nobles efforts de « Denis. Soit qu'il facilite l'organisation militaire « des volontaires tchèques, soit qu'il mette en rela-« tion avec eux, les immigrés politiques de Yougosla-« vie, soit qu'il signale leurs intérêts communs, ou « que, plus tard, il serve d'intermédiaire entre les « révoltés tchèques et les milieux gouvernementaux, « soit qu'il se place avec quelques collègues à la tête « de la « Ligue civique », partout il est l'homme « qu'il faut à la place qu'il faut.

« Mais le but principal, c'est de faire appel à « l'opinion publique ; Denis déploie alors une « immense activité de publiciste, il fonde son célèbre « journal *La Nation tchèque*, dont il sera, durant les « premières années, le rédacteur, puis le collabora-« teur le plus assidu. Dans le premier article « Notre « programme », il réclame, en un style lapidaire, « l'indépendance tchèque, et montre avec force, per-« suasion, le profit qu'en tirera la France. Dans « un des numéros suivants, il complète sa pen-

« sée « Austria delenda est ». Cet article était plein « d'à-propos.

« En effet, un des plus forts préjugés, héritage des « traditions diplomatiques séculaires, était l'opinion « que l'existence de l'Autriche était absolument « nécessaire à la paix de l'Europe. Ce préjugé était « si fort que Denis lui-même en était influencé et a « cru jusqu'au dernier moment à la possibilité de « la renaissance de l'Autriche et à sa transformation en un état fédératif où tous les peuples qui « en feraient partie jouiraient des mêmes droits. « Mais la scandaleuse alliance de cette Autriche-« Hongrie, où dominaient Allemands et Hongrois, « avec les Allemands de l'Empire pendant la terrible « guerre, déchaînée par eux, ébranla la foi de l'historien, et, comme toute son éducation et toutes « ses opinions lui indiquaient une direction nouvelle et un nouveau but politique, Denis devint un « des plus fervents apôtres de cette belle conception politique qui devait aboutir à la destruction « de l'Autriche et à la création de divers Etats destinés à la remplacer. En cela, Denis est tout à « fa t d'accord avec les idées de Masaryk qui était, « lui aussi, parvenu à la même conviction et lui « avait tout sacrifié ; dès ce moment, ils firent cause « commune, même quand ils étaient séparés par les « mers, au cours des voyages qu'entreprit Masaryk « en Angleterre, en Amérique et en Russie, pour

« accomplir sa grande tâche. On ne saurait trop « apprécier les services que Denis a rendus à la « bonne cause; en aidant puissamment à établir non « seulement des relations directes avec les milieux « compétents, mais surtout en contribuant au chan- « gement d'opinions des diplomates, qui, au début, « ne voyaient pas d'un œil très favorable le dévelop- « pement de ses plans. Grande est l'activité qu'il « déploya à cet égard ; sans trêve ni repos, avec « l'enthousiasme qu'entretient le succès, il ne cesse « de combattre les doutes, de réfuter les contradic- « tions, de suivre pas à pas les questions actuelles, « de prodiguer les encouragements et de pousser à « à l'action.

« On a peine à se rendre compte du travail fourni « par lui dans la « Nation tchèque », même quand il « a confié la direction de cette revue à l'habileté de « Benès.

« Signalons ici les articles si brillamment écrits « qu'il publie dans la nouvelle revue *Le Monde Slave*, « fondée par lui, ainsi que ses nombreuses et « ardentes préfaces pour des livres étrangers et qui « ne sont pas indignes de ses ouvrages.

« Il serait trop long de donner les titres de ces « articles, et il est regrettable de ne pouvoir signaler « les plus importants. Il apprécie avec émotion la « grande personnalité de Jean Hus à l'occasion du « 500e anniversaire de sa mort « Le 6 Juillet 1415

« (Nation Tchèque I). Il salue avec joie les « Volon-
« taires tchèques » (tome I). Il s'occupe des ques-
« tions d'actualité qui intéressent toutes les nations
« slaves, et pourtant, il revient toujours aux Tchè-
« ques et aux Slovaques, et leur consacre des études
« toutes particulières (tome II) ; dans l'article « les
« Hussites et la guerre » (II), il soutient la créa-
« tion en France d'une armée tchèque indépendante,
« il salue la constitution de cette armée « Armée
« Tchèque » (Monde Slave I) ; il se découvre devant
« le drapeau tchèque dans un article superbe « Le
« drapeau tchèque » (Tome III) ; il nous donne avec
« son art irrésistible de précieux renseignements sur
« *l'Université de Prague* (tome III). Dans la seconde
« année de ce journal, il consacre aux Slovaques des
« études qui fourniront plus tard les éléments d'un
« ouvrage intitulé *La question de l'Autriche, Les
« Slovaques* (1917, Bibliothèque d'histoire et de poli-
« tique), ouvrage qui peut surprendre par son exé-
« cution rapide et son origine fortuite. Mais ce
« livre, qui ne devait être qu'un essai sur la Slova-
« quie, n'en est pas moins remarquablement réussi.

« C'est un véritable acte, par lequel Denis, pour
« nous servir de ses propres paroles, « a préparé
« l'union de la Bohême et de la Slovaquie », union
« qui est la condition même de la prospérité et de
« la puissance de la jeune république.

Vaclav NOVOTNY ».

« .....Les manifestations d'Ernest Denis, pendant la « guerre, sont, pour nous, *les joyaux de notre litté- « rature.* Ce fut un de nos meilleurs conseillers, et il « a largement contribué à mettre en valeur les forces « vives de notre nation, pour la conquête de sa « liberté. Il fut le premier à nous aider dans l'ac- « complissement de notre devoir. Nous voulons « qu'une amitié toujours plus sincère et toujours plus « forte nous unisse à la patrie du grand historien, « qui fit tant pour notre cher pays.

Ivan Markovich,
Ministre de l'Instruction publique
de Tchécoslovaquie ».

« .....Le cœur d'un poète peut embrasser plusieurs « nations », a dit une célèbre femme de lettres « anglaise. Il en est ainsi du cœur et de l'esprit des « savants et de tous les hommes doués d'une âme « grande et généreuse. Et ces mots s'appliquent à « Ernest Denis, qui, en sa qualité d'historien, a étu- « dié les différents peuples et leur évolution ; il a « compris notre histoire et pénétré notre caractère, « il a été, lui Français, admis dans l'aéropage des « guides intellectuels de notre nation.

T.-G. Masaryk ».

ANNEXE II

La Mission militaire française

C'est aux premiers jours de 1919 qu'une petite équipe d'officiers français, commandée par le Général Pellé, est arrivée à Prague, à la demande du premier gouvernement tchécoslovaque. Dans l'esprit des hommes d'Etat tchèques, l'armée du pays qui avait été le premier à reconnaître l'indépendance de leur Patrie, était tout indiquée pour organiser leur défense nationale et faire revivre la tradition militaire démocratique de Jean Zizka, en sommeil depuis près de cinq siècles. La complexité de la tâche était évidente. Il s'agissait de juxtaposer aux débris dûment contrôlés de l'ancienne armée autrichienne les légions jeunes, au sang nouveau, formées sur les champs de bataille de l'Entente, en Russie, en France, en Italie, et de façonner un organisme homogène, inspiré d'un esprit nouveau, celui-là même qui anime la nouvelle démocratie slave, devenue maîtresse de ses destinées.

L'œuvre à accomplir demandait du temps, une période de calme, et surtout la paix aux frontières. Les circonstances qui entourèrent la naissance de l'Etat tchécoslovaque furent loin de réaliser ces conditions. Le Général Pellé avait à peine esquissé les bases d'organisation de la nouvelle armée, qu'un conflit éclatait à la frontière magyare, aux confins orientaux de la République. Il était déclanché par le gouvernement de Bela Kun, communiste en principe, nationaliste en fait, qui ne pouvait se résigner à la perte des comitats tchécoslovaques et rêvait d'y restaurer sa domination. Avant de songer à organiser, il fallut donc combattre.

Le Général Pellé, qui avait reçu du Président Masaryk les fonctions de généralissime, improvisa la défense de la frontière menacée, répartit les commandements entre ses collaborateurs français et confia au Général Mittelhauser, le chef actuel de l'état-major général tchécoslovaque, la lourde tâche de couvrir Bratislava, cœur du pays. Après une campagne de deux mois, qui pouvait être grave de conséquences, car l'agression de Bela Kun compromettait l'œuvre presque terminée de la conférence de la paix, le succès finit par couronner, en Juillet 1919, les efforts de la nation qui avait pris les armes pour sauver sa jeune indépendance.

Résiliant en Octobre 1919 ses fonctions de généralissime, le Général Pellé reçut alors celles de chef d'état-major général. La mission française s'affirmait donc, dès ses débuts, comme une mission de commandement. Les généraux et les cadres français, qui avaient dirigé les opérations militaires en Slovaquie, restaient, à la tête des grandes unités. Le gouvernement tchécoslovaque affirmait nettement sa volonté de remettre la direction de son armée entre les mains du chef français dont la valeur venait de s'affirmer en des circonstances critiques. Cette haute marque de confiance, unique dans l'histoire de nos missions militaires à l'étranger, définissait pour l'avenir le caractère particulier qu'en toute indépendance d'esprit nos amis tchèques entendaient donner à l'œuvre confiée à nos officiers.

Le 1er Janvier 1921, le Général Pellé, nommé haut-commissaire français à Constantinople, devait interrompre l'œuvre brillamment commencée. Il ne quitta pas sans émotion un poste où il avait pu donner la mesure de sa haute intelligence. Son souvenir est d'ailleurs resté vivace dans la nation tout entière qui voit en lui l'un des grands organisateurs de sa vie indépendante.

Intime collaborateur du Général Pellé, le Général Mittelhauser fut appelé à continuer son œuvre. Sous sa direction et avec l'appui éclairé du Président Masaryk, c'est la phase de pleine organisation qui se développe, l'armée reçoit son statut général et les grandes unités reçoivent leur affectation territoriale définitive. Grâce à l'effort financier provoqué en 1921 par la dangereuse équipée de l'ex-empereur Charles en Hongrie, les troupes reçoivent progressivement l'équipement et l'armement qui leur manquaient pour rendre impossible tout retour offensif de l'impérialisme dans l'Europe danubienne. Elément essentiel de la défense d'un pays, dont la position centrale est à la fois privilégiée et délicate, l'aviation, sous l'impulsion du ministre Udrzal, reçoit un développement tout particulier.

L'instruction des cadres est menée de front avec l'organisation méthodique des différentes armes. Des règlements nouveaux, adaptés à la constitution de l'armée et aux conditions stratégiques du territoire, sont mis au point. La doctrine de ces règlements pénètre l'enseignement de l'école de guerre de Prague où se forment les officiers d'état-major, ainsi que celui des écoles d'armes et d'officiers de réserve, organisées tout d'abord par nos instructeurs. A l'origine, le Général Mittelhauser est secondé dans sa tâche par des officiers généraux français restés à la tête des grands commandements militaires. Puis, progressivement, d'après un programme concerté et réalisé méthodiquement, les officiers tchécoslovaques viennent prendre possession des places tenues par leurs camarades de la mission française, préparant ainsi la dernière phase du programme qui va se réaliser : la remise officielle de la direction militaire effective par le chef de notre mission.

C'est l'aboutissement naturel du contrat qui, en 1919, instaura notre mission de commandement, mission temporaire, dont les divers résultats escomptés devaient marquer les étapes successives et le terme. La mission française, fière de la confiance que les pouvoirs publics lui ont témoigné pendant sept ans, remet aux mains tchécoslovaques des pouvoirs qu'elle a dû prendre en pleine crise, qu'elle a conservés pendant la phase difficile de l'organisation et qu'elle peut se féliciter de laisser à des successeurs préparés par la plus étroite et la plus affectueuse collaboration. En devenant organe-conseil, la mission gardera avec l'état-major de Prague un contact permanent et efficace.

Le Général Syrovy, le nouveau chef d'état-major général, est porté à ces fonctions par tout son passé militaire. Formé par un important commandement de guerre en Russie et en Sibérie, il a ensuite donné toute sa mesure comme commandant territorial de Bohême et, pendant deux ans, comme collaborateur immédiat du Général Mittelhauser à la tête de l'état-major général.

Pour l'œuvre toute de dévouement qu'il lui reste à accomplir auprès de l'armée tchécoslovaque, la mission française est assurée de trouver en lui un ami sincère de la France, acquise aux méthodes instaurées par ses prédécesseurs. Les liens de sympathie qui unissent les deux chefs, celui qui part et celui qui arrive, garantissent pour l'avenir la continuation d'une collaboration amicale et fructueuse entre la mission française et le nouveau commandement tchécoslovaque.

(Extrait du journal *Le Temps*, n° du 25 Déc. 1925.)

F. DOMINOIS.

ANNEXE III

Hei Slovane

Les redditions nombreuses aux Russes des soldats autrichiens ou hongrois, de nationalité tchécoslovaque, n'ont pas toujours été interprétées avec leur signification exacte.

Le *Temps* a consacré à ce sujet un émouvant article d'où sont extraites les lignes qui suivent :

« Vers la fin de 1912, M. Wickham Steed assistait « à Prague, aux côtés du Docteur Kramarcz et du « Professeur Masaryk, — aujourd'hui Président de « la République tchécoslovaque, — à l'impressionnant défilé de trente-cinq mille Sokols ». Ce ne « sont pas des gymnastes, disait-il à son voisin, ce « sont des soldats ! Oui, répondit Kramarcz, une « fois armés, ils compteraient dans une guerre européenne !... ».

« Ces beaux athlètes resplendissaient de jeunesse

« et d'enthousiasme. Leurs milliers de gestes rythmés n'étaient qu'un geste, leurs milliers de voix n'étaient qu'une voix... Tout à coup, ils entonnèrent l'hymne qu'avaient, depuis bien des années déjà, adopté les Slaves du sud et du centre de l'Europe comme un symbole de fraternité de race : *Hei Slovane.* C'est un beau chant poignant et grave. Il s'exhalait de ces trente-cinq mille poitrines, avec une grandeur, une harmonie émouvantes... » Pourtant, dit modestement Masaryk à Steed, j'aimerais mieux que d'autres paroles y fussent adaptées. C'est un air polonais, vous savez, et les Polonais chantent : « Non, la Pologne n'est pas morte ! », ce qui signifie quelque chose. Nos jeunes Tchèques, eux, sur cette même mélodie, déclament : « Eclairs et tonnerre ! Tonnerre et éclairs ! Les Russes sont avec nous et ceux qui resteront quand ils auront passé, la France va les balayer »... « J'aimerais mieux qu'ils comptassent davantage sur eux-mêmes ».

« Les Tchèques ne demandaient pas mieux, ainsi qu'on va le voir.

« En Septembre 1914, quelques jours après la première victoire de la Marne, Wickham Steed, alors à Londres, s'apprêtait à sortir de chez lui. Sur le pas de la porte, l'attendait un homme qui ne payait pas de mine : des traits assez tartares, une taille courte et ramassée, une barbe de huit jours,

« des vêtements pauvres et fripés. Il dit dans un anglais imprégné d'un fort accent américain, mais « tranquillement, comme si la chose allait de soi :

— C'est moi, Voska !

— Bon, mon brave, bon ! vous êtes Voska... mais je ne connais pas Voska...

— C'est Masaryk qui m'envoie.

— Entrez.

« Une fois dans la maison, l'homme expliqua :

— .....Maintenant, je suis citoyen des Etats-Unis. « Mais je suis Tchèque, et, dès la déclaration de « guerre, je suis retourné à Prague... Alors, j'ai vu « le Professeur. Et le Professeur (Masaryk) m'a dit :

— Tu vas partir pour Londres. Tu verras « M. Steed. Tu lui diras : « Les Russes tirent sur « les soldats tchèques au service de l'Autriche, « quand ils essaient de se rendre... Ils veulent bien « mourir pour les Alliés, mais pas pour les Autri- « chiens... ils agitent leur mouchoir en criant : « Amis ! Amis ! Mais les Russes les tuent tout de « même... alors tu diras à Steed qu'il trouve moyen « d'arranger cela... » Voilà.

— Il n'a pas dit autre chose, le Professeur ?

— Non... Il paraît que c'est vous qui devez « arranger cela...

« Voska, émigré en Amérique parce que le gou- « vernement autrichien n'aimait pas ses opinions, « avait commencé par y fonder un journal socia-

« liste, rédigé en tchèque. Puis, ayant acquis un « intérêt dans une carrière de marbre, au Kansas, « il avait gagné une petite fortune, qu'il consacrait « maintenant entièrement à la cause de l'indépen- « dance de la Bohême. Il semblait surtout préoccupé « de savoir combien de temps la guerre durerait !... « Il est comme tout le monde !... pensa Steed.

— Kitchener et Northcliffe, annonça-t-il, sont cer- « tains qu'elle durera au moins trois ans.

« Il songeait : « Ça ne va pas lui faire plaisir ! »

— Alors, ça va bien ! déclara Voska, enchanté : « en trois ans, on aura le temps de soulever tous « les Tchèques ! »

.....Cependant Steed réfléchissait. « Il en a de « bonnes, Masaryk, pensait-il. Naturellement, les « Russes tirent sur les Tchèques qui veulent se « rendre ! Ces Tchèques portent l'uniforme autri- « chien, et c'est tellement l'habitude des Austro- « Allemands de lever les bras en l'air et de faire « Camarades ! » pour faire ensuite un mauvais « coup !... »

« Subitement, il se rappella les trente-cinq mille « Sokols défilant trois ans auparavant, dans les rues « de Prague, en chantant de toute leur voix : ... Les « Polonais connaissaient ce chant, puisqu'il venait « de chez eux, et ils étaient enrôlés dans l'armée « russe. Leurs officiers aussi, par conséquent, « l'avaient entendu...

— Ecoute, dit-il à Voska, tu vas repartir pour « Prague. Tu retourneras chez Masaryk et tu lui « diras que les Tchèques qui veulent se rendre « chantent, à minuit, *Hei Slovane !* dans leurs tran- « chées. Et, après ça, qu'ils avancent, sans rien « craindre : les Russes ne leur tireront plus dessus, « je te le garantis !

— Je ne puis retourner à Prague, représenta « Voska. Je suis Américain, mais les Autrichiens « n'en tiendront pas compte... J'ai déjà eu bien de « de la peine à leur échapper, quand je suis allé à « Prague... Ils m'enrôleront ou me mettront en pri- « son.

« .....Alors Steed découvrit un autre Tchèque, « aussi patriote que Voska, mais qui était bossu. « Celui-là, on ne l'enrôlerait pas! et même, de sur- « croît, l'Angleterre pouvait le renvoyer de force « en Bohême, puisqu'il était, officiellement, sujet « autrichien, c'est-à-dire soumis à expulsion du ter- « ritoire anglais. Steed envoya le bossu à Masaryk. « En même temps, il avertit le comte Benckendorff, « ambassadeur de Russie à Londres : « Les soldats « tchèques au service de l'Autriche veulent se « rendre... et voilà comment les Russes reconnaî- « tront que ce sont de vrais Tchèques ! »

— C'est compris, répondit Benckendorff, je vais « faire télégraphier ».

« Quatre ans s'écoulent. La paix est signée. Steed

« n'a plus entendu parler de rien. Un soir, dans un « dîner privé auquel il assiste, la conversation « tombe sur les Tchécoslovaques. Personne, en « Angleterre, ne savait encore bien ce que c'était « que ce nouveau peuple ; il y a beaucoup de Fran- « çais qui sont logés à la même enseigne.

— Ce sont des types magnifiques, s'écrie tout à « coup un convive anglais qui, pendant la guerre, « avait été délégué comme « observateur » du côté « russe, par son pays... Figurez-vous que, quand « j'étais sur le front de Galicie, pendant l'hiver « 1914-1915, je ne sais combien de fois j'ai été « réveillé la nuit par des tas et des tas de ces gar- « çons qui venaient se rendre. Le plus fort, c'est « qu'ils étaient gais comme des pinsons, et chan- « taient du haut de leur tête !

— Tiens, tiens ! demande Steed, intéressé. Et que « chantaient-ils ?

— Voilà ce qu'il y a de plus drôle !... un chant « révolutionnaire, interdit en Russie, et dont les « paroles sont : « Non, la Pologne n'est pas morte ».

« Ces chanteurs formèrent d'abord, dans les « armées russes, un simple régiment. Peu à peu, « leur nombre grandit. Joints à des Slaves du sud, « ils finirent par former une vaste légion. A la fin « de la guerre, ils étaient plus de 50.000 et c'est « une partie de ces cinquante mille hommes qui, « en 1917, après le triomphe de Lénine, ne vou-

« lant accepter ni la paix avec l'Allemagne, ni le « bolchevisme, traversèrent toute la Russie, puis la « Sibérie de part en part, pour aller enfin s'embar- « quer à l'autre bout du vieux monde, à Vladivos- « tok ».

Pierre MILLE.

(Extrait du journal *Le Temps*, n° du 7 Janv. 1925.)

ANNEXE IV

De Vladivostok à Prague

En avant-garde de l'évacuation proprement dite des troupes tchécoslovaques de Sibérie, partiront quelques transports d'invalides et de soldats les plus âgés. Le premier quitta Vladivostok le 15 Janvier 1919 : c'était le bateau italien *Roma*, qui, après un trajet de deux mois, le long de l'Asie méridionale et de l'Afrique orientale, aborda, le 11 Mars, dans le port de Naples ; le rapatriement en Tchécoslovaquie fut ensuite effectué par trains sanitaires. Les autres transports d'invalides ont été, de même, effectués par des bateaux de l'Entente, qui se rendirent, au cours de l'année 1919, de Vladivostok en Europe. Le 14 Février 1919, partit le bateau anglais *Madras* ; le 14 Avril 1919, le bateau américain *Sheridan* et, le 4 Août 1919, le bateau français *Hainan.* Ce dernier conduisit les invalides tchécoslovaques au port de Marseille. Le *Sheridan,* après avoir fait escale aux îles Philippines, débarqua les Tchécoslovaques dans les Etats-Unis, d'où ils furent, grâce à l'assistance des Tchèques et des Slovaques d'Amérique, transportés à travers le continent jusque dans les ports de l'Atlantique et, de là, par d'autres bateaux, en Europe. Les archives de l'ancienne section du Conseil National Tchécoslovaque en Russie furent transportées par l'express of Japan, qui évacuait de Vladivostok à Vancouver un bataillon de soldats canadiens ; de Vancouver, on emprunta pour leur expédition le chemin de fer du Pacifique jusqu'à New-York, d'où un bateau italien les amena à Trieste.

Cependant, tous ces transports ne furent que des moyens secondaires pour l'évacuation tchécoslovaque, car, destinés primitivement à d'autres buts, ils ne pouvaient recevoir de passagers que dans la mesure des places vacantes. Ils ont rapatrié au total 1.099 invalides et soldats. Les bateaux que le Général Milan Stéfanik, ministre tchécoslovaque de la Défense Nationale, avait frêtés par l'intermédiaire de la Croix-Rouge Américaine, pendant son séjour à Vladivostok, purent en recevoir davantage. C'étaient les bateaux américains *Nankin, Archer* et *Heffron,* qui ont transporté en tout 3.815 invalides et soldats. Les deux premiers prirent également la direction de l'Amérique ; le troisième, *Heoffron*, fit le voyage le plus intéressant. Poussé par le vent, il se heurta, le 15 Août, contre un récif sous-marin, dans un archipel au voisinage du Japon. Il n'y eut cependant point à déplorer de catastrophe ; les réparations furent effectuées à Kobé par les soins des autorités japonaises et les légionnaires furent, en attendant, entretenus par l'Y. M. C. A. américaine locale. Le navire gagna ensuite Shanghaï et, longeant la côte d'Asie, aborda à Trieste le 10 Décembre.

Pendant ce temps, le commandement tchécoslovaque en Sibérie préparait la continuation de l'évacuation par ses propres moyens. La Commission économique centrale des troupes tchécoslovaques équipa, dans ce but, sept bateaux japonais, un bateau chinois et deux bateaux russes, qui transportèrent au total 9.515 soldats.

Tandis que les 12 premiers transports étaient affectés aux invalides, aux soldats les plus âgés et aux malades, le treizième bateau, le *Jonan-Maru*, qui partit de Vladivostock le 9 Décembre 1919, transportait déjà les premières formations militaires, deux bataillons du plus ancien régiment, le 1er régiment de tirailleurs dit de « Jean Huss », formé par la « Droujina » de 1914. Les autres régiments et détachements suivirent sur les grands bateaux américains et anglais, loués spécialement par le gouvernement tchécoslovaque. L'Amérique fournit douze navires, qui ont transporté 36.026 soldats, c'est-à-dire la moitié de toute l'armée. Un des derniers transports fut effectué par le premier bateau tchécoslovaque *Légie*, acheté par la Banque des Légionnaires de Vladivostok comme bateau de commerce destiné aux relations de la Tchécoslovaquie avec l'Extrême-Orient et l'Asie.

Comme les premiers transports d'invalides, les transports militaires ont suivi deux voies différentes : les uns gagnèrent le port de Trieste en côtoyant les rivages de la Chine, des Indes, de l'Arabie ; les autres longèrent le Japon, puis gagnèrent un port français, italien ou allemand.

. . . .

Le court séjour dans les différents ports du monde entier a été, autant que possible, partout utilisé pour faire connaître à la population la musique tchèque, la gymnastique des Sokols.

En Tchécoslovaquie, c'est naturellement dans la capitale la « Prague dorée », que les légionnaires ont eu l'accueil le plus chaleureux et le plus touchant de la part du gouvernement aussi bien que de toute la Nation. Le retour des légions clot une période les plus importantes de l'histoire tchécoslovaque moderne. Si les Hussites tchèques, au xve siècle, ont traversé, dans une lutte victorieuse, toute l'Allemagne et ont pénétré jusqu'à la mer Baltique, leurs dignes descendants, les légionnaires tchécoslovaques du xxe siècle, ont renouvelé cette anabase, de façon encore plus grandiose. Par leurs propres forces, malgré les pièges et les embûches des bolcheviks, ils se sont frayé, en 1918, libre passage, de la Russie Centrale jusqu'à l'Océan Pacifique, à Vladivostok ; ils ont renouvelé cet exploit au commencement de l'année 1920, ayant ainsi exécuté, d'après les paroles de l'ancien Président de la République Française, Raymond Poincaré, une œuvre plus grande et aussi célèbre que celle des dix mille Grecs de Xénophon.

(Extrait de « Navrat C. S. Legii Kolem Sveta Do Vlasti », par F. Steidler.)

BIBLIOGRAPHIE

La Tchécoslovaquie................. **Eisenmann.**

La Révolution Tchécoslovaque...... **Harlt.**

En Sibérie après l'armistice........ **Dubarbier.**

Carnet de route de l'auteur.

TABLE DES MATIÈRES

TABLE DES ANNEXES

IMPRIMERIE MODERNE
45, Rue de l'Arquebuse
AUXERRE

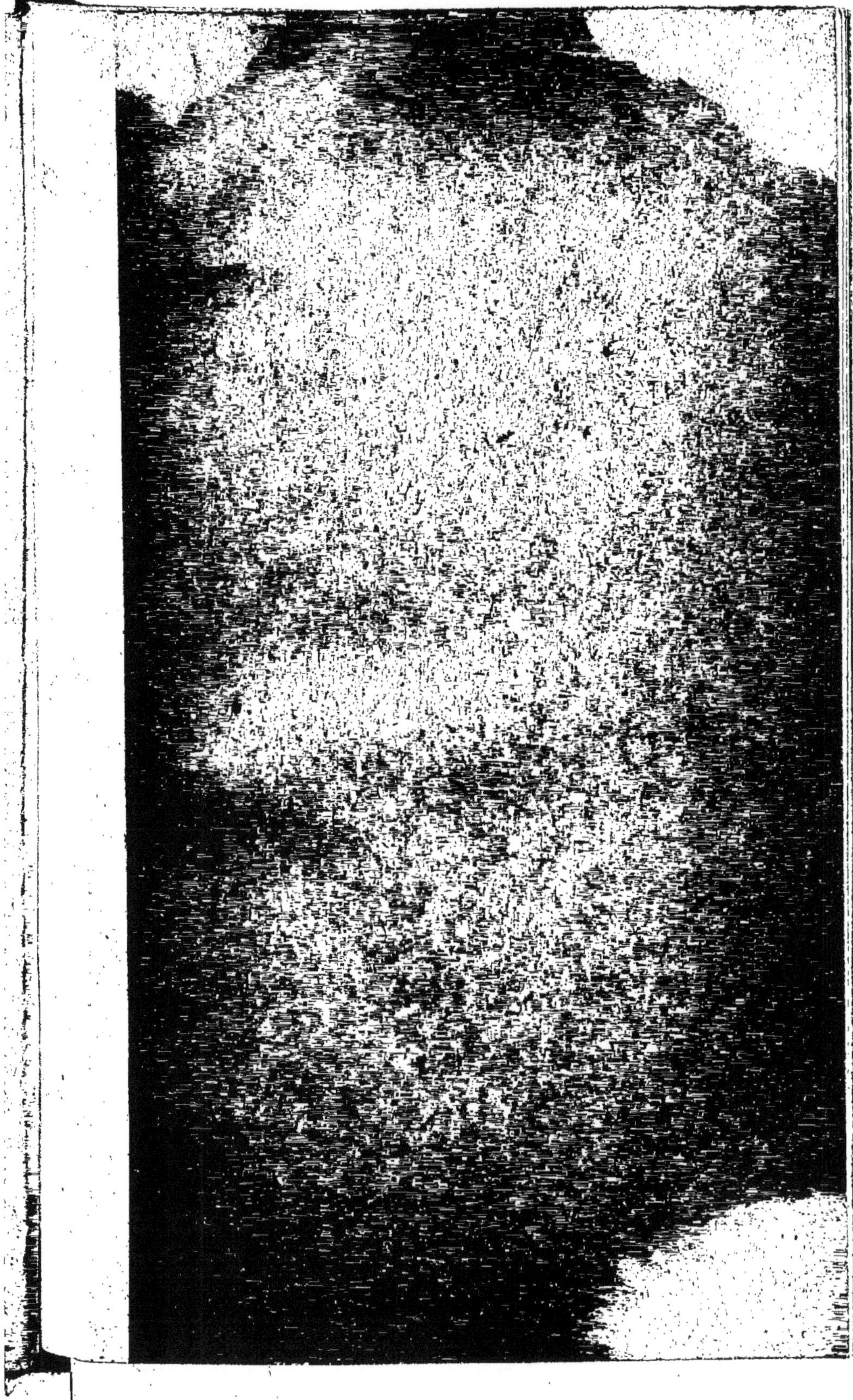

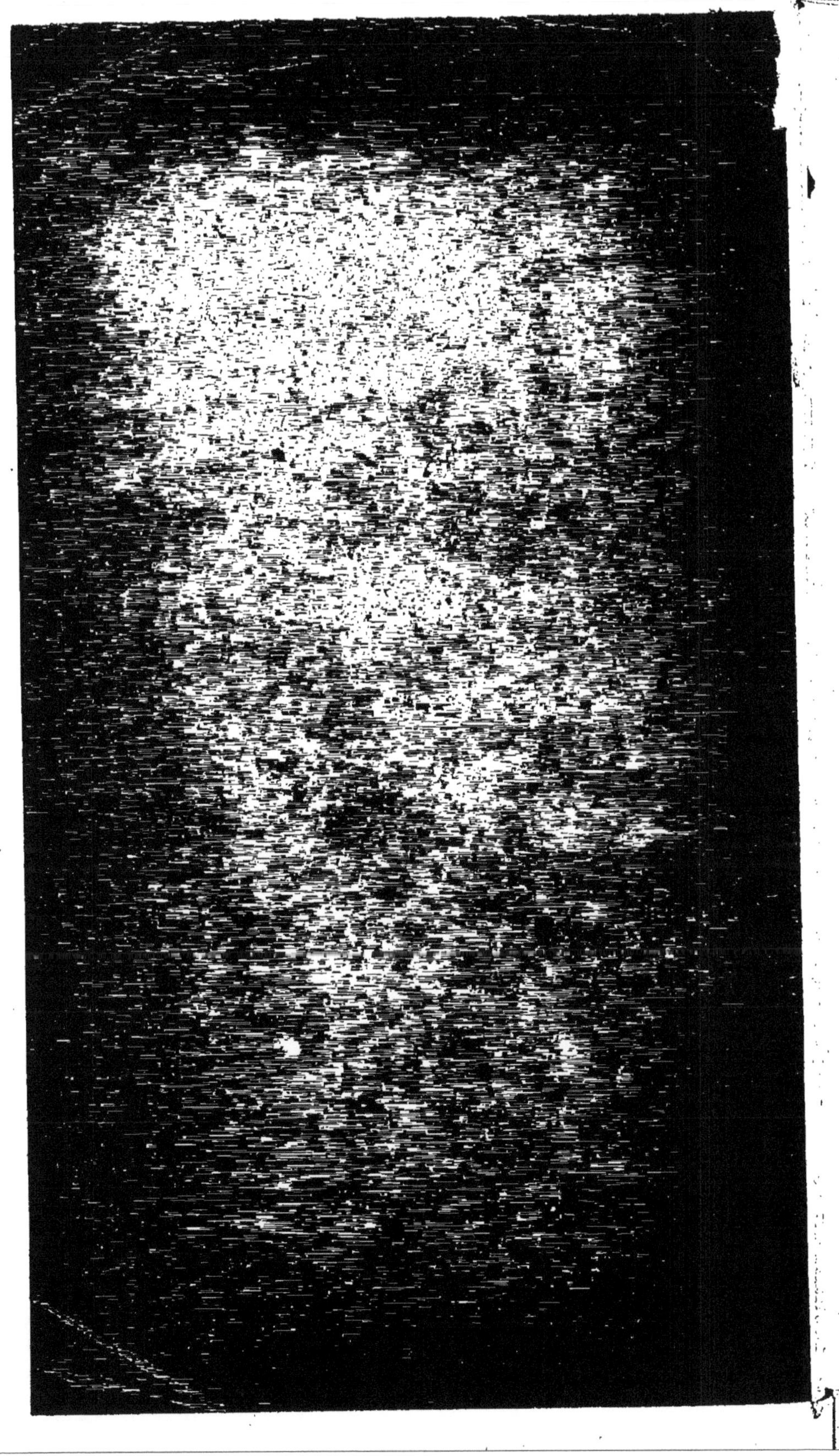

www.ingramcontent.com/pod-product-compliance
Ingram Content Group UK Ltd.
Pitfield, Milton Keynes, MK11 3LW, UK
UKHW022059260726
13993UKWH00001B/207